叢書・ウニベルシタス　1164

解釈学入門

ヘルムート・ダンナー
山﨑高哉 監訳／高根雅啓・弘田陽介・田中潤一 訳

法政大学出版局

Helmut Danner
Hermeneutik: Zugänge, Perspektiven, Positionen

いつも限界を超えて理解しようと努力している
幼馴染みグレン・ゴルツに本書を捧げる

目　次

著者紹介

本書の著者ヘルムート・ダンナー（Helmut Danner, 1941-）は、父親の仕事の関係で一九四一年一〇年一一日に現在のポーランド、タルノヴィッツに生まれた。しかし、ドイツ帝国崩壊後、一九四五年に母親は四人の子どもを連れてミュンヘン市近郊の田舎に移住せざるを得なかった。一九四七年に国民学校、一九五二年にギムナジウムに入学、一九六一年から六五年までミュンヘン・パッシング教育大学、一九六五年にミュンヘン大学で哲学、教育学、音楽学を学び、哲学で博士号を一九七〇年に取得、論文名は「ハイデガーにおける神的なものと神（Das Göttliche und der Gott bei der Heidegger）」であった。その後一九七〇年から七五年まで工業界および出版業界で働きつつ、一九八三年にミュンヘン大学で大学教授資格《ハビリタツィオーン》を獲得、同年六月からミュンヘン大学教育学研究所の非常勤講師を務める。一九七九年には『精神科学的教育学の方法（Methoden geisteswissenschaftlicher Pädagogik）』を上梓するが、これは二〇〇六年に増補改訂第五版が出ている。そして、かれの主著とも言うべき『責任と教育学——意味に定位した教育学に関する人間学的、倫理学的研究（Verantwortung und Pädagogik. Antropologische und ethische Untersuchungen zu einer sinnorientierten Pädagogik）』は一九八三年に出版され、一九八五年に第二版が出されている。

一九八六年半ば以降は客員教授として、カナダのエドモントン大学を皮切りに、レートブリッジ大学、さらにアフリカのヨハネスブルク大学で教鞭を執った。

しかしながら、一九八六年には大学での教授活動を辞し、ドイツの政党キリスト教社会同盟（CDU）と密接な関係にあるハンス・ザイデル財団のエジプト、のちにケニアのナイロビ、さらにはウガンダの代表事務所長を務めるようになるとともに、成人教育プロジェクトの指導者にもなった。

アフリカでの長年にわたる実践活動に基づき、活発な学術的活動も展開し、二〇〇八年八月には『傲慢の終焉――アフリカと西洋、その差異の理解（End of Arrogance. Africa and West – Understanding their Differences）』を出版した。また、二〇一〇年には主著の『責任と教育学』の改訂版である『倫理学と教育学における責任（Verantwortung in Ethik und Pädagogik）』を出版する。二〇一二年五月二六日から六月一二日まで、新妻ヴァンブイさんを伴って来日した際には、監訳者の山﨑が京都で宿舎を用意するとともに、京都・大阪の観光のみならず、研究者との活発な意見交換の場を設定した。観光および意見交換の場には、共訳者の高根雅啓と弘田陽介も同行している。なお、『傲慢の終焉』は、二〇一二年にドイツ語版も出版されている。弘田陽介は、二〇一三年二月にケニアのナイロビにダンナーを訪ね、日本の教育の特質について議論を重ねるとともに、ナイロビ市内や世界遺産に指定されているナクル湖国立公園の観光にいざなわれた。

本著『解釈学入門』は、ダンナーの解釈学研究の集大成にふさわしい力作である。

第I章

概説　解釈学は何のために

そもそも解釈学（Hermeneutik）とは何か。解釈学という聞き慣れない言葉は、日常語として使われることはないので、最初に疑問に思われるかもしれない。しかし、解釈学は学問のなかでは一定の役割を果たしてきた。それはギリシア語のエルメヌエイン（hermeneúein）に由来し、古代ローマ人がそれをラテン語のインテルプレターレ（interpretare）に翻訳した。このことは、解釈学の意義について最初の示唆を与えてくれる。解釈学は、解釈（Interpretation）の理論なのか、それとも、ロマン主義で定式化されたように解釈（Auslegung）の技術なのだろうか。

ギリシア語エルメヌエインは、ドイツ語ではとりわけ「表現する（aussagen）」、「解説する（auslegen）」、「翻訳する（übersetzen）」ことを意味する。本書は一方では、ここに現れているような解釈学の本質をテーマとして取り上げる。しかし他方では、解釈学は抽象的・理論的なものではない。なぜなら、解釈や理解のなかで何が起こっているかを解明する理論であるとして、人間は理解することをやめることができないからだ。たとえば、ベルリンの住人がミュンヘンに行ったり、ドイツ人がカイロに行ったりという、慣れない環境や見知らぬ街を訪れたときのことを考えてみれば分かる。日常でも、ひとは勝手が分かるようになりたいと思うのだから、見知らぬ環境ではむしろ、否が応でも理解を強いられることになろう。たとえば携帯電話を買えば、苦労してでもその取り扱い説明書を理解しようとするものだ。フランス語の文書を訳すとなれば、理解したい、理解しなければならないという気持ちがどうしても湧き出てくるだろう。

「表現する、解説する、翻訳する」過程のうちには、まったく大まかにではあるものの、解釈学で何が大事であるかが示されている。先の例で分かるのは、解釈学においては、一方ではまったく日常的なものが問題であって、他方では、それが言語や言語の理解のなかに現れる根源的なものとも関係することである。われわれは日常のなかで、理解の理論としての解釈学を道具として使ってはいないが、それでもなお、解釈学を実践して、多少なりとも成果を得ている。加えて解釈学は、われわれの生、もちろんとくに学問に対して特殊な意義（Bedeutung）をもつ。解釈学によって気づかされるのは、自然科学的ないし技術的思考の手法やそうした観方では把握されない、人間的世界のパースペクティヴである。人間的世界を構成するものには、言語ならびに、人間の造り出した産物がある。これらは、意味（Sinn）、意見（Meinung）、意義（Bedeutung）、あるいは意図や目的を表している。ここでは、自然科学的あるいは技術的な認識過程で必要となるもの、かつ可能であるものとは異なった、認識や（言語的な）再現・翻訳（Wiedergabe）の特別な仕方が必要となるのである。

本書は、解釈の理論としての解釈学を容易に学べるアプローチとしたい。理解について新しい道を開くため、理論的な、とくに哲学的な入門の代わりはできないけれども、むしろそれを補うもの（Ergänzung）でありたい[1]。そのため、われわれには最初に、解釈学的な問題設定への通路が必要である。すなわち、まったく一般的に人間的なものの理解や、理解の際に言語が果たす役割や、自然科学に対する精神科学の特殊な状況に関する問題設定である。さらに、われわれは理解、意味、解釈学的循環等、中心となる解釈学的過程や現象を詳細に明らかにする。そのため、数人の解釈学者による重要なテキストの一部をいくつか引用し、解釈を行う。諸概念を図式化すれば、さまざまな関係や思考過程が具体的になるであろう。これらすべてをもってしても、解釈学の理論的入門や、とくに学術論文の徹底的な研究に代わるわけではない。それをおろそかにすれば、事態の単純化の危険が生じる。しかし、この章ですでに、本書の解説文と解釈学の原典との間を往復する解釈学的プロセスを指摘できるであろう。その際、両者を相互に解明すれば、解釈学的事態についてより一層よく究明することになるし、そうならなければならない。

解釈学が記述する認識プロセスは、直線的で一次元的なものではない。理解は、個々の事実の合算の結果なのではない。たとえば、1足す1は2という意味での最終結果が生じるわけではない。理解の根拠がどんなに確かなものであっても、そのつど、異なる理解が問題となる。自然科学的思考に例えたなら、こんなことは不愉快であるし、むしろ無意味である。自然科学的思考とは異なって、数学ではなく言語に導かれる思考と認識というものがある。それゆえ、人間的なものの現象への解釈学的アプローチが必要不可欠なのである。

以下では、解釈学へのアプローチと解釈学の学理論的なしかるべき場をより詳細に論じることにする。

言語の多義性が、解釈学の学理論的な場所を規定している（第Ⅱ章）。第Ⅲ章では、解釈学的現象についての叙述と議論が多くの場を占める。それによって、解釈学に関する理解はもっとも容易になる。第Ⅳ章では、解釈学の長い歴史や有意義な観点を端的に参照し、理解をめぐる適切な視点を得ようとする研究について論じる。最後に第Ⅴ章では、二つの典型的な領域について考える。現代小説の解釈を例にして、解釈学的理解が倫理的な態度決定の必然性に至ることを述べる。また、もう一つの例では、異文化との出会いに際して、無理解の告白へと導かれるケースを見るであろう。

本書では、解釈学の理論や解釈学的思考を受け入れるための第一歩を提供し、理解を助け、思考を刺激しようと思う。その点で本書は、ワークブックであっても、容易には読み通せないものである。読者は、記述されていることと、分かることや分からないこととの間を行ったり来たりし、原典と解説文との間を行ったり来たりしながら、内容に取り組むことになろう。

最後に、未解決のままの問いが残される。つまり、解釈学は何のためのものか。解釈学は、文献学者や哲学者の専門領域のように捉えられるかもしれない。それもそのはず、ガダマー（Hans-Georg Gadamer, 1900–2002）が言うように、[2] そうした専門家たちには「解釈学的に修練を積んだ意識」が必要である。この点をあえて考慮に入れても、われわれにはっきりと分かっているのは、理解というものがいかに絶え間なく求められているかということである。日常会話や真剣な議論でも、ニュースを聞くときでも、新聞、書籍、学術論文を読むときも、あるいは、遠い国からきた見知らぬ人に出会ったときはもちろん、あなたがいまこの本を読んでいるときもそうである。たえず、われわれの理解が問題となる。目立たないことが多いとはいえ、理解は繰り返し挑戦的になることもある。自分が誤解していることに気づくことも少なくない。反省する現象を解釈学によって意識することは、われわれに警告を与えてくれる。拙速な理解は、結局誤った理解であることが明らかになるのだ。これは月並みな生活の心得にとどまらない。解釈学的な諸現象や連関について研究することは、より深く、より適切に、より正確に理解するための手引きとなりうるのである。なぜなら、無理解や誤解といった落とし穴がどこにあるのか、他方で、理解はどのようにして生じ、そのために何に注意しなければならないのかが認識されるからである。とりわけもっぱら、哲学、精神科学および社会科学、神学は、解釈学的反省なしには成り立たないのである。

第II章

解釈学へのアプローチ

1 人間的なものの理解

北アメリカ、ユタ州にある人里離れた寂しい渓谷で友人たちとキャンプをしている場面を想像してみよう。そこであなたは、道が通ってもいない山を登っている。岩だらけの土地には、ほんのわずかの茂みと、半分干からびた樹木しか生えていない。辺り一面人間の痕跡はない。藪をかき分けて道を探しながら、石、枯れ草、奇妙な樹木といった自然物以外何もないような、この原野の最初の人間であるような気分に浸っている。

突然、自然のものの枠からはずれたものが目に入る。平べったい石をいくつか積み重ねた石のピラミッ

図表1　石のピラミッド

ドである[3]（**図表1**）。これは、周囲の数多くのその他の石のように、偶然投げ出されてできたものではない。誰かが作ったものである。意図をもち、目的をもって作ったものである。これは何かを意味している。しかし、何なのか。あなたは友人たちと謎解きを始める。積み上げられた石は、明らかにある人が他者に対して何かを指示する目印である。この場所には何か特別なものがあるのか。石のピラミッドは、方角と道を示すのか。

この石が厳密に何を意味しているのか、あなたにはたぶん分からないだろう。しかし、その積み方は偶然ではありえず、誰かが何かを言いたかったことは疑いようがない。ところが、その人が誰であるのか、誰に向かってメッセージを伝えたかったのかも分からない。メッセージの完全な内容も十分には分からない。しかし、あなたは人工的に積み上げられた石によって心を動かされている。それというのも、周囲がまったく異質なものだからである。

カイロとスエズ（Suqz）の間にある砂漠を徒歩で横切る小旅行をした時にも、これと同じことに遭遇した。砂しかない。ただ時折わずかばかりの石ころが散らばり、わびしい草の茎を目にするが、人っ子一人いない。ここにも「まったくの自然（Natur Pur）」しかない。それから、明らかに人間の手で仕上げられた若干の石片を見つけ、恐ろしくもあり、刺激的に感じられた。小さな角張った石には、矢じりのように見えるものもある。いや、矢じりそのものである。また、少し大きめの切石もあった。黒褐色で光沢のある半円形の素材からは、小さな破片が鋳造されている。スクレーパーとして使われたのではないかと考えられる。これらは、その土地に他にも無数にあるような単純な石なのではない。いまもなおそこで生活し群れを成して徘徊しているベドゥインの人たちが、こういった石を加工し、道具や武器としての目的を与えたのかもしれない。われわれは、それらの意義（Bedeutung）をかすかに感じ取るだけである。しかしここでも、何か明らかに人間的なものや、たんに自然的なものが際立っている。ここで特徴的なのは、かのユタの石のピラミッドのように、意味を担った人間的なものが、他の純粋に自然的な環境のなかで、他とは関係なく見つかったことである。このように周囲から際立っていることが、人間特有のものに注意を向けさせるのである。それが、理解するように挑発してくる。われわれは、手つかずの石や樹木を、この意味で理解しようと思わないし、また理解できないのである。

日常生活のなかでわれわれの理解しようとする事物が、他とは何も関連のない事物からの誘発を受けることはない。なぜなら、それらは人間的なものとしてわれわれに向かってくるからである。つまり、われわれは電化製品、家具、自動車、書籍など、よく馴染んだ事物に囲まれている。これとは反対に、モノならびに人から言われたコトの意義や意味が閉ざされているときには、理解への意欲や、理解する必要がとくに誘発される。この電化製品は何の役に立つのか、友人が電子メールで何を言いたかったのか、その新聞記事をどのように解釈すべきか。われわれは問いかけ、「それを知りたい」と思う。ここから解釈学が始まるのである。

2　出発点としての言語

ところで、厳密な意味での解釈学は石の解釈ではなく、むしろ言葉の解釈に取り組むものだ。とはいえ、たとえば考古学は、歴史的な発見物——たとえそれが非言語的なものであっても——を取り扱い、理解しようと欲する。三万年前の洞窟壁画、トロイア遺跡のように発掘された地中に眠っていた都市遺構、二二〇〇年前の古代ケルトにおけるドルイドの神秘的祭祀等、である。これらは、いつも客観的にはっきりと現れている、人間的なものに関わる問題である。しかし、トロイア遺跡の例では、古代ローマ人によって文書に書きとめられた記録もある。エジプトのファラオ文化では、遺物や絵画表現には、文字による付随的なテキストや証拠がある。しかし、われわれ現代人がこれを読み解き理解できるようになるには、一つの発見と解釈の行為が必要であった。紀元前一〇六年に書かれたロゼッタ・ストーンの解読である。その碑文は、古代エジプト語のヒエログリフ（神聖文字）、デモティック（民衆文字）、ギリシア文字の三つの言葉で、プトレマイオス五世（König Ptolemaios, BC. 210–180）を称えている。ジャン＝フランソワ・シャンポリオン（Jean-François Champollion, 1790–1832）が一八二二年、ヒエログリフの翻訳に成功したのだった。

これらの例に共通しているのは、ある一定の目的を追求していた人間の存在を指し示していることであ

図表2　ロゼッタストーン[4]

る。たとえば、都市の建設もそうであるし、また洞窟壁画に動物を描くことを通じて、言葉なしでも何かを伝えようとしたのである。あるいは、（当初われわれに判読できなくとも）文字によって何かを伝えようとしたのである。これらは言葉の解釈の学としての解釈学を求めている。たしかに、一般的な意味の解釈学であるにしても、これは狭義の解釈学である。しかし、言語以前の事象であっても、解釈学的に記述できるものを含んでいるものだ。つまり、何らかの事柄が、ある目的や意味・意義、メッセージを表しているし、直接・間接に語られていることをひとは理解しようとするものだし、もちろんただちには分かりにくいものであっても、解釈せずにはいられないのである。「ただちに」という言葉の意味は、たとえば、壁に矢印の標識を見つけたら疑いもなく示された方向に進むよう指示されていることが分かるとか、友人が「いつものように」というメッセージを書いてきたら、ミュンヘンのマリーエン広場で一〇時に待ち合わせすることが分かる、といったことである。疑いもなしに理解するなどということは、いつでもただちにできるものではない。そこに象形文字があっても、初めて書いた人が何を伝えたかったのか、その内容がその後も分からないままであることもあるし、ヒエログリフのように、まず記号や単語の謎解きをして、それでようやく内容が解読できるものもある。われわれは理解のプロセスをあとで詳細に論じるが、さしあたってここでは、人間的なものと意義・意味との連関を認識することが重要である。その連関は、言葉以前のものからすでに与えられているし、そして、何よりも言葉によって、つまり話し言葉や書き言葉で与えられている。

疑いもなくヒエログリフの例は、こじつけもいいところである。ヒエログリフを読解する必要など、いったい誰にあるのか。しかし、われわれの日常的な理解は本質的に複雑ではない、ということは本当だろうか。徹底的に試してみるべく、「パン」という語を採用して、それをさまざまな言語に翻訳してみよう。これより簡単なものは、どうやら存在しないようだから。「パン Brot」は英語では「bread」、フランス語では「pain」、イタリア語では「pane」である。言葉ではそう覚えたが、パンの実物になると、それはbread、pain、pane を意味する以上、ぜいたくに慣れたドイツ人の場合、一ダースのパンから黒パン（Schwarzbrot）を選ぶことはできないことに気づく。つまり、フランスの長いバゲットは、白い小麦粉からできているし、イギリスでも、パンはたいていさまざまな形の白パンである。それと比べて、イタリアの pane には皮の固いクラストがあるが、たいていは白パンである。もちろん、これらは外面的なことだ。それより重要なことは、bread、pain、pane に関連する食習慣（Essgewohnheiten）である。パンは、パンの時間（Brotzeit）やサンドイッチのように、主食になりうるのか、あるいは、副食でしかないのか。パンは、食文化に関係している。たとえば、ロシアなどで訪問客に出される「パンと塩（Brot und Salz）」としての社会的意義もある。誰かある人がパンをみずから稼ぐ、つまり、生計を立てることができるなどと話したりもする。最後には、「日ごとの糧（Brot）を今日も与えたまえ」と主の祈り（Vaterunser）で言われるように、宗教に関連する場合もある。パン（Brot）というそのときどきの言葉は、いったい何を意味するのであろうか。

ウルムの「パン文化博物館（Museum Brot und Kunst）[5]」は、世界中のさまざまな言葉、異なった文字で、みな「パン（Brot）」を意味する、五十六の言葉を収集している（**図表3**）。

ここに記載されている「パン」という語の置かれている文化的連関を調べてみると、ドイツ語の「パン」と他の言語、他の文化の「パン」と同じではないということがあらためて確認されなくてはならない

(1) Gälisch, (2) Schwedisch, (3) Bulgarisch: chljab, (4) Syrisch: lahmo, (5) Portugiesisch, (6) Georgisch: puri, (7) Russisch/Weißrussisch /Serbisch: chleb, (8) Finnisch, (9) Japanisch: pan, (10) Tschechisch, (11) Hebräisch: lechem, (12) Französisch, (13) Amharisch: Injera, (14) Rumänisch, (15) Niederländisch/ Afrikaans/Niederdeutsch, (16) Kasachisch: nan, (17) Englisch, (18) Chinesisch: mian bao, (19) Gotisch: hlaifs, (20) Kirchenslawisch: chleb, (21) Jiddisch: braut, (22) Lettisch, (23) Belutschi: doda, (24) Isländisch, (25) Phrygisch: bekos, (26) Spanisch, (27) Hindi: roti, (28) Albanisch, (29) Neugriechisch: psomi, (30) Lateinisch, (31) Estnisch, (32) Dänisch/ Norwegisch, (33) Koreanisch: ppang, (34) Suaheli, (35) Obersorbisch, (36) Amharisch: dabbo, (37) Esperanto, (38) Geez: hebest, (39) Ungarisch, (40) Slowakisch, (41) Makedonisch: leb, (42) Vietnamesisch, (43) Mongolisch: talchan, (44) Ukrainisch: chlib, (45) Italienisch, (46) Arabisch: chubs, (47) Persisch/Kurdisch/Sindhi/Uighurisch: nan, (48) Tigre: ingera, (49) Polnisch, (50) Tibetisch: bag-leb, (51) Türkisch, (52) Rumänisch: pajne, (53) Deutsch, (54) Kroatisch/Slowenisch, (55) Litauisch, (56) Altgriechisch: artos,

www.museum-brotkultur.de

図表 3　パンを表す単語と言語(6)

だろう。パンの形、成分、とりわけそれと関係する社会的・文化的食習慣があまりにも異なっている。パンはパンでも、同じパンではない。そしてそのことがわれわれに疑問を抱かせる。というのも、こういった非常に単純なことであっても、ある言葉の本当の意義、つまり、その背後に隠されたものにまで注意するよう求める、もっと複雑な言語的連関となると、そういった注意がより一層必要となるからだ。その際には、必ずしもヒエログリフが問題となるわけではない。

　解釈学が意図し、研究してきた過程を、これまで以上にくわしく論じるためには、言語に取り組まなければならない。ヴィルヘルム・フォン・フンボルト（Wilhelm von Humboldt, 1767–

1835）は、プロイセンの外交官、教育改革者であり、かつベルリン大学の創設者の一人でもあるだけでなく、何にもまして言語学者・理論家であった。フンボルトの考察は、言語と理解がどのように関係しているかについて考える手がかりとなろう。解釈学が言語的なものの理解と関係していることは、すでに多くの人が指摘している。フンボルトは『人間の言語構造の相違と人類の精神的発展への影響について』（Über die Verschiedenheit des menschlichen Sprachbaues und ihren Einfluss auf die geistige Entwicklung des Menschengeschlechts）という研究の第十三節「言語一般の本性と特質」で分析を行い、個人とその個人にあらかじめ与えられている言語が、相互にいかに依存し合っているか、かつ同時に独立しているかを考察している。

「私が作り出す、言語を作り出してきたのは私なのであるから、言語は私のものである。人間すべてが話すことと、そして話したことにも、これと同じ理由が当てはまる。——途切れることなく人類の間で言語が伝わってきたであろうその限り——。従って、言語そのものにおいて、言語による制限を経験するのも私である。(7)」

〔「人間の言語構造の多様性と人類の精神的発展に及ぼすその影響について」遠藤建樹・佐藤駿訳、『言語』福井直樹・渡辺明監修、二〇二〇年〕

フンボルトは、言語には客観的側面と主観的側面があることを前提にしている。言語は、われわれの言語であり、同時に、わたしの言語である。わたしにはドイツ語があらかじめ与えられている。つまり、わたしはこの言語のなかへ生まれ出たのであり、同時に、わたしはわたしのやり方でドイツ語を使っている。わたしはある一定のボキャブラリーを身につけ、わたし独自のイディオムを使う。このようにして、わたしは共通の言語の形成に貢献しているが、他方で、わたしは個人としては、たしかに取るに足りないものだ。「言語の力に対して個人の力がもともとどれほど小さいものなのかは明らか」である。[8] しかし、とくにジャーナリスト、政治家、作家や詩人、場合によっては学者や社会の下層文化《サブカルチャー》といった特定のグループが、共通の言語に変化の刻印を押している。こういった人たちが、言語を変える。海外で三〇年以上も生活していると、ドイツ語でも「持続可能性（Nachhaltigkeit）」、「タイムリー（zeitnah）」、「リアルタイム（Echtzeit）」、「ターゲット・目的地へ行く（zielführend）」などといった多くの馴染みのない新しい言葉やフレーズが注意を引く。もちろん、コンピュータ、インターネット、デジタル化に関連する専門用語である、「計算機（Rechner）」や「ダウンロード（herunterladen）」、「デジタル」や「アナログ」、さらには「ストリーミング」等に至るまでの言葉は、わたしが関与することなしに変化し、それぞれの意味をもった文法やボキャブラリーをわたしに与える。所与の言語は構造を先に与え、限界を設定している。わたしは、それを恣意的に使うことはできない。しかし、そうした所与の言語は、私がそれを話し、書き、とくにその言語のなかで思考し生きているのであるから、わたしの言語である。端的に言うと、「言語とその形式の合法則性」と、「自由の原理」としての「話す者からの反作用」とは、一つの対に成っているのである。[9]
フンボルトは、つぎのように言う。

「言語において絶えず個々人は、人類全体から現れた一つの発露に他ならないことも最も鮮明に感じるのである。しかし、それにもかかわらず、個人が、それぞれにかつ絶え間なく、言語へと作用し返すので、それぞれの世代は、言語に変化をもたらす。しかし、その変化は滅多に観察されない。つまり、そういった変化は、必ずしも語や形式そのものではなく、同一の語や形式の異なる用法にのみあることも多い。（中略）個人においてのみ言語は最終的規定をうる。言語において他の人とまったく同じように考える者はいない。水面の波紋のように、どんな微細な違いであっても、言語全体をくまなく揺らすのである。したがって、理解は同時に非理解（Nicht-Verstehen）であり、思考や感情の合意は、同時に食い違いである。[10]」

ここでは、言語について記述するにあたり、きわめて美しいイメージが使われている。つまり、どんな微細な違いでさえ、「水の円（Kreis）のように、言語全体を通して揺らす」のである。したがって、数学的に絶対的な理解などは存在しない。理解と非理解とが結びついている。さきほど「Brot」という単純な語を翻訳することの難しさに言及したが、その場合は文化的違いによるものであった。これに対してフンボルトは、意義の多様性が個々人の言語の使用の場ですでに始まっていることを詳細に調べて明らかにした。その言語が属する文化ゆえに、話者の個性ゆえに、言語は多義的（*vieldeutig*）なのである。加えて、言語はそれが従う歴史的変遷ゆえに、多義的であると補足できる。

「言語を作製する法則は規定されているが、作製された言語の大きさや種類はなお規定されていないままである[11]」（**図表4**）。それでは、どうすれば理解は可能となるのか。フンボルトは主に言語に関心があったが、他方、どのように理解が可能になるかについてはあまり関心がなかった。これこそ、同時代に生きたシュライアーマッハー（Friedrich Daniel Ernst Schleiermacher, 1768–1834）の関心事であり、かれは「理解の技法としての解釈学[12]」に関心があった。かれにとって、言語と理解はたがいに緊密に連関している。話すための技法と理解のための技法は、たがいに呼応している。理解できるもの、理解しなければならない

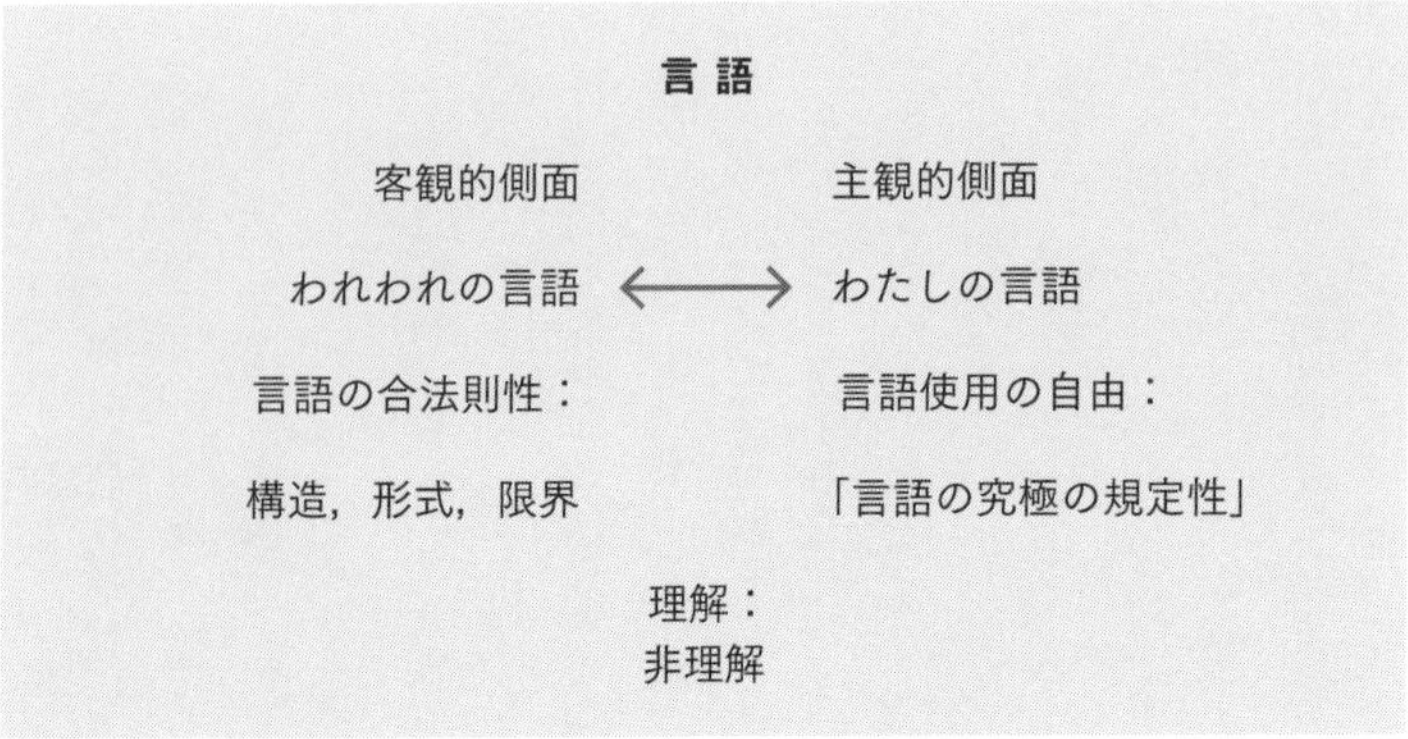

図表4　フンボルト：言語の合法則性と自由

ものは「語り（Rede）」（言葉）であり、つまり、話されるもの、書かれるものなのである。解釈学は理解を扱い、修辞学は語りを扱う。解釈学と修辞学の両者は、たがいに一体なのである。それゆえ、シュライアーマッハーはこう言っている。

「解釈学と修辞学の共属性（Zusammengehörigkeit）とは、理解するという行為のすべてが、語るという行為の裏返しであるということにある。[13]」

しかし、この「裏返し」は自動的に、あるいは、中身を伴わずに起こるものではない。「反転」は、理解においては「どんな思考が語りの根底にあるのか、意識され［…］なければならない[14]」。つまり、言語的に表現されたものは、「語り」であれば、それが記述されたものであっても、思考されたものである。「裏返し」とは一方で、語りにおいてある一つの思考が言葉で表現され、他方で、言語的表現の理解において、この思考が追体験される（nachvollzogen）ということである。しかし、理解はたいてい、無造作にできるものではない。なぜなら、これまで見てきたよう

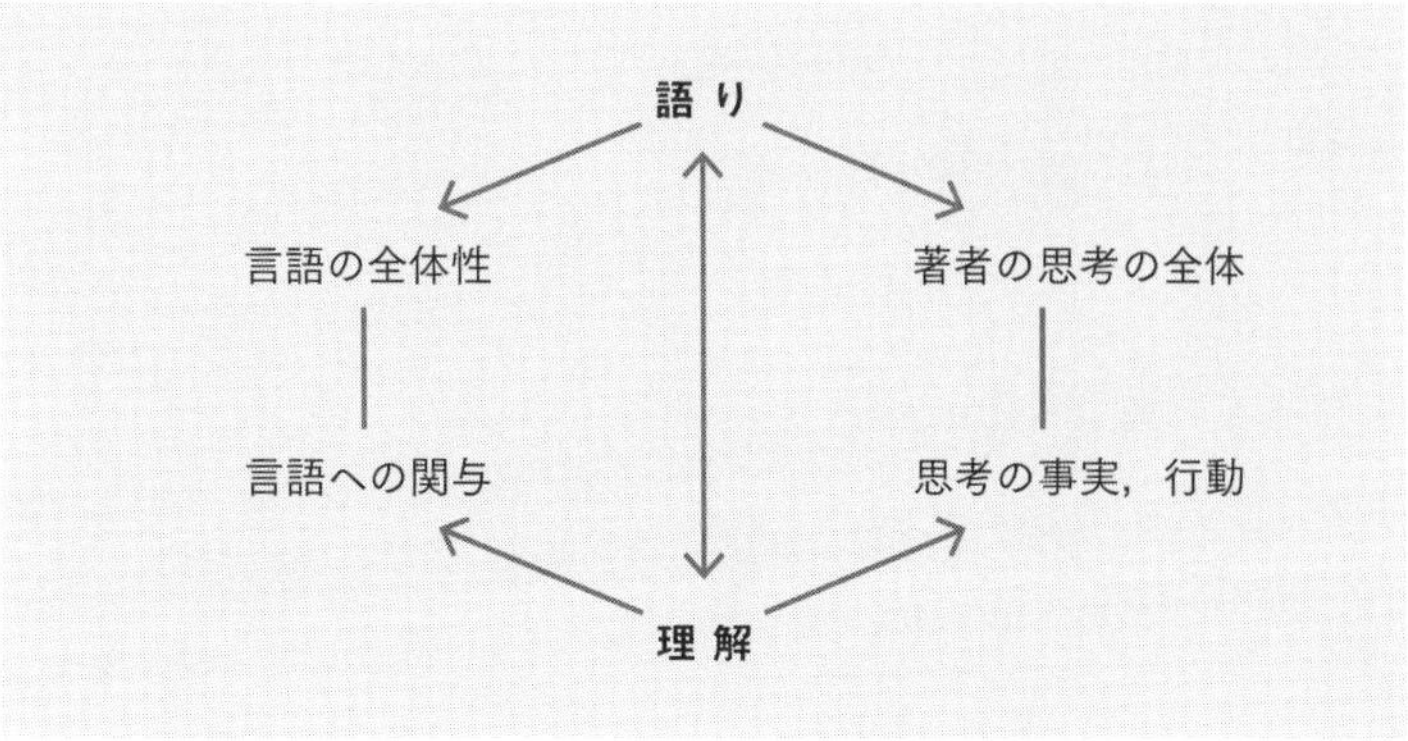

図表5　シュライアーマッハー：語りと理解

に、言語は決して一義的なものではないからである。理解は、解釈（Auslegung, Interpretation）を必要とする。これが、あらためて解釈学の仕事となる。

シュライアーマッハーのつぎのような考察を追体験できるためには、語り（言語）、思考、理解のこのような連関を念頭におく必要がある。

「あらゆる語りは、言語全体とその原作者（Urheber）の思考全体という二重の関係をもっている。同じように、あらゆる理解は、語りを言語から取り出されたものとして理解することと、それと同時に、語りを思考する者における事実として理解することという、このような二重の契機から成り立っている。[15]」

ここでシュライアーマッハーが論じていることは、すでにフンボルトにおいても考察してきたものだ。それは、一般的・共通的な言語と、言語の個人使用とに関することである。しかし、シュライアーマッハーはこのような個人性を、話す者の思考に関連づけている。この思考は、言語の個人使用を必要とし、それを形づける。したがって、「語り」の理解は、つまり解釈学的解釈は、言語の一般性と同時に個人の思考を考慮する必要がある。しかし、後者の個人の思考は、一回的な行為であるだけではなく、原作者の思考全体、つまり、「文体」に表れる（**図表5**）。

言語一般と個人の思考に関して、シュライアーマッハーはつぎのように続ける。

「あらゆる語りは所与の言語を前提としている。もちろん、絶対的な最初の語りに対してだけではなく、全過程においても、言語は話すことによって成立するので、これを逆にすることもできる。しかし伝達は、いずれにせよ言語の共同性、つまり言語に関するある一定の知識を前提にしている。直接的な語りと伝達の間に何かが歩み出るとき、つまり、語りの技法が始まるとき、このことは部分的には、われわれの言語使用の何かが聞き手にとって異質なものになるのではないかという憂慮（Besorgnis）に基づいているかもしれない[16]。」

話をするとき、われわれはみずからが学び、共有してきた言語に基づいて話す。その際には、その語彙、文法的規則等を用いる。このような考え方は、その逆も成り立つ。というのも、われわれはみずから言語を創造的に、共同で形成するからである。つまり、われわれは話すことによって、言語を形成する。われわれは自分自身を理解してもらいたいがために、このような形成を自分自身に求めている。そのとき、見慣れない語形や言い回しを使ったりする。

「どんな語りでも、それ以前の思考に基づいている。もちろん、これを逆にすることもできるかもしれない。

しかし、意思疎通に関して言うと、以前の思考が本当のことであることには変わりがないので、理解の技法は、それよりも以前にあった思考によってのみ可能なのである。[17]」

シュライアーマッハーの言う「それ以前の思考」とは何か。それは、わたしという個人がすでに一度考えていたことなのか。あるいは、「われわれの思考」を構成するところの、伝承された思考なのか。つぎの段落を読んでみよう。そこにはこう書かれている。

「個人は、その思考について（共通）言語に制約されているし、自分の言語に存在する意味［あるいは複数の意味？］に関連しないならば、これまでと違った新たな考えを伝えることはできない。[18]」

これが、われわれの疑問への答えである。個人は、「それよりも以前に」考えられていた思考――もちろんそれは共通の言語のなかで、共通の言語を使ってであるが――に依拠している。共通の以前の思考を保持し、表現すること。個人は、あらかじめ与えられた言語と、その言語で考えられたことを参照することによって、自身の個人的な考えを伝えることしかできない。上記の文章の反転（「すべての語りはそれよりも以前の思考に基づいている」）とは、すべての（個人の）思考は、語ることで自分自身を伝えられるかどうかにかかっている、ということを意味している。思考は語りでのみ表現される。しかし、理解には言語的連関、つまり、共通の言語と個人的言語が必要である。だからこそ、シュライアーマッハーはつぎのように言う。

「これによれば、人間はみな、一面では所与の言語が独得な形で形成される場であり、そしてその語りは、言語の全体性からしか理解されない。したがって、人間はたえず発展する精神でもあり、そして、その語りは他者との連関にある人間の事実[19]（Tatsache）としてのみ存在する。[20]」

一方で、話したり書いたりする者はだれでも、自分にあらかじめ与えられた言語に依拠している。それは、この一つの言語、その構造、その語彙、そして、そのなかで考えられていることの全体である。しかし他方で、話したり書いたりすることにより、特別な「独特の」形態をつくる。その者は創造的なのである。その語りは創造性の表現である。その際、他者と共通する言語に基づいて、共通言語を形成しているのだ。

「同じように、すべての語りは、それが属する生全体からのみいつも理解される。つまり、あらゆる語りは、人生のあらゆる契機のもつ条件のなかで、語り手の生の契機としてのみ認識できる。そしてこれは、彼の成長と継続的な存在が規定されているところの、彼の環境の総体からのみ認識されるので、あらゆる語り手は、その国籍と時代を通してのみ理解される。[21]」

シュライアーマッハーはここで、話されたものであれ書かれたものであれ、語りを「生全体」、国家、時代といった、言語よりも広い連関のなかに位置づけている。今日ならば、社会的連関、政治的連関、歴史的連関という言葉を使うであろう（**図表6**）。ディルタイ（Wilhelm Dilthey, 1833–1911）にとっては、解

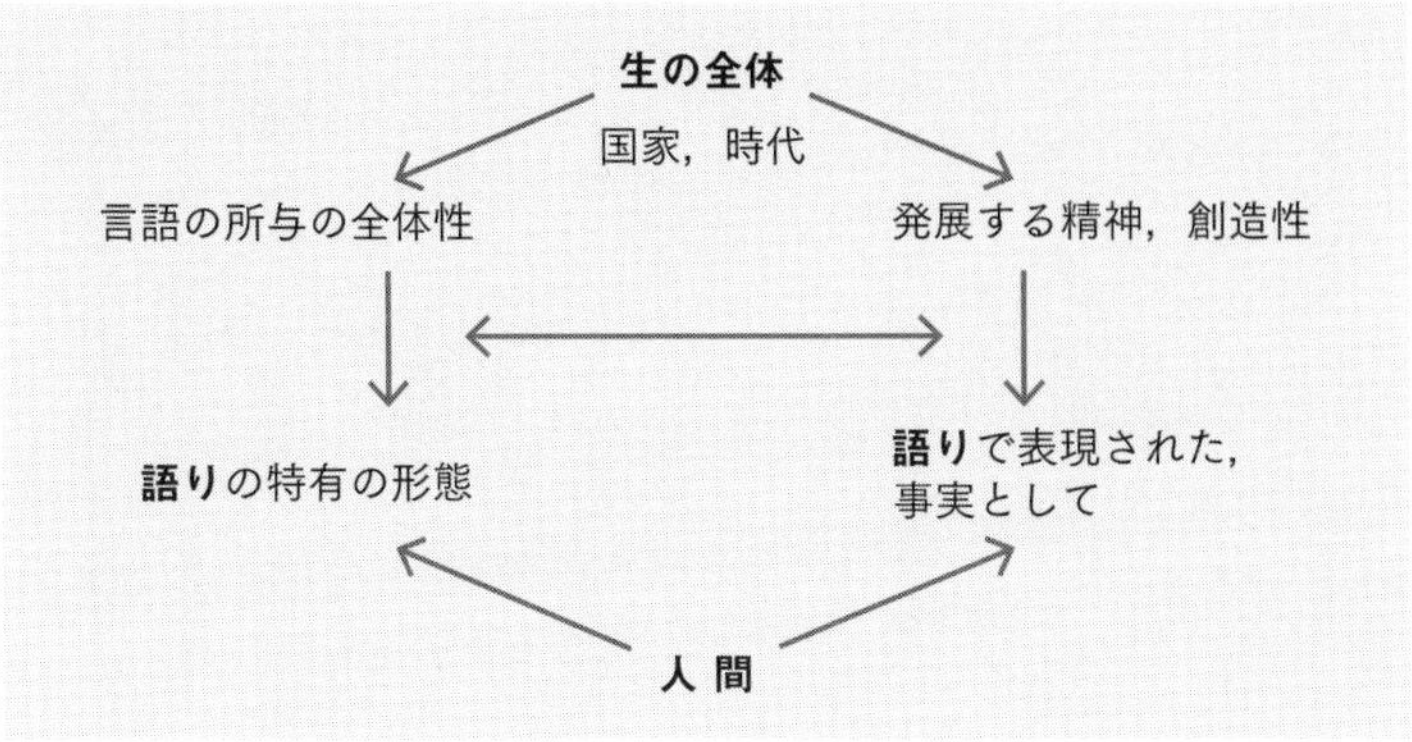

図表6　シュライアーマッハー：生の全体－人間

釈学的理解を記述するにあたって、「生の連関（Lebenszusammenhang）」がとくに重要である。[22]

シュライアーマッハーとディルタイは、このような連関に関心をもっている。かれらは、理解がどのように起こり、解釈学が何に注目するべきかを明らかにしようとしたのである。言語という観点からみると、ヴィルヘルム・フォン・フンボルトからもう一つ別の示唆が得られる。それは、言語はすべてある一定の「世界観（Weltansicht）」を表明しているということである。このような考えを基本にすれば、すべての理解は、それぞれの「世界観」を考慮しなければならない。世界観は、言語によって伝達されるものであり、言語は、それ自身に特有の世界観を表している。言語や定式化された思考は――たとえば、経済的・物質的な生の解釈を表す場合、人間性に導かれた開かれた解釈を示す場合、宗教的・神秘的な解釈を示す場合とでは――それぞれ異なる意義をもつことになる。われわれにとって異質な文化に由来する言語に対しては、世界観の意義はとくに明らかである。フンボルトは、言語と「世界観」の連関という現象を、つぎのように分析している。

「しかし、言語の形成と言語の使用には、対象をとらえる主観的知覚様式全体が必然的に入り込む。まさにこのような知覚から言語は生じるのであって、対象そのものの複製ではなく、対象によって精神に形成された形象の複製であるからである。どのような客観的知覚であっても、そのすべては必然的に主観性が混じり合うので——言語とは無関係としても——世界観の独自の立脚地ととらえることができる。(23)」

フンボルトは最初に、言語がどのようにして生起し、どのように語られるのかという個人的な過程に注目している。語は、対象物と同一な複製なのではない。むしろ、解釈された対象を再現している。個人の知覚のなかで、対象の主観的形象が生じる。「木(Baum)」を例に挙げてみよう。建築資材、木陰を作る樹木、詩的イメージをもった木などのさまざまな意義を、この言葉はもつ。あるいは、無数の文化的連関をもつ「パン(Brot)」の例を思いだしてみよう。「パン」や「木」といった客観的事物には、主観的意義が付与されている。個人が言語を使用するとき、言語と何を連想し、何を込めるか、個人は言語的に伝達された「世界観」に貢献するのである。実際、フンボルトはつぎのように言語の役割を分析している。

世界観は「言語を通じてより一層そうなる。というのも[…]、語は精神に対して自己規定を加えることで、ふたたび客体となり、新たな特性を生みだすからである。この特性、つまり音声の特性は、同じ言語のなかでは必然的に徹底的な類比が支配的であるからだ。さらに、同じ民族では同じような主観性が言語に影響を与えているので、それぞれの言語には独自の世界観がある。(24)」

誰しもが自分固有の正解をつくり、それによって自分自身の言葉をつくるという、はじめは主観的恣意として理解されるであろうことは、実際にはそのようには起こらない。なぜならば、言葉の意味に関する「主観的な混入(subjective Beimischung)」は、言語共同体の行為だからである。語に付与されている「固有性(Eigentümlichkeit)」は、「持続的な類推(durchgehende Analogie)」である。つまり、それはある程度、同じ言語を話す者の同意に基づいて起こる。かれらは「同じ国では、同じような主観性が言語に働く」という事態について、たがいに合意している。「人間は、おもに対象物と関わりあって生きている。しかし、言語がそれをもたらすようにしか生きていない」、「実際、人間のなかの感情と行動は、かれの考えに依拠しているので、もっぱらそのようにしてしか対象物と関わりあって生きていくことはできない(25)」。

要するに、世界は言語によってわれわれに伝達される。「世界観」、つまりわれわれを取り巻く世界の捉え方は、言語によって、あるいは言語のなかで可能となる。しかし、世界を伝えるわれわれの言語は、動かしがたい所与のような、確固不動の存在による抽象的なものではない。むしろ、「同じ国ならば同じような主観が言語」に働いているのである。言語共同体は、継続的なプロセスのなかで、その言語を形づくっている。このような言語共同体が世界をどう解釈するのかが決定的である。言語は世界の見方を伝える。同時に、世界の共同的な見方が、われわれの言語を形づくるのである。

解釈学の始まりは言語である。もう一度、これまでの考察の筋道を整理しておこう。言語的なもの、つまり人間が作成したものはすでに、前言語的なものを参照している。その目的、意味、メッセージなどをわれわれは理解したいと思う。それは歴史的なものであり、他方で、直接的現在からのものでもある。われわれが理解しようと思うやいなや、ただちにわれわれは問いを立てる。この問いにより、われわれは言語のなかで動くことになる。

「パン（Brot）」という語を外国語に翻訳するという単純な例であっても、理解するためには、つまりそれぞれの言葉で「パン」が何を意味しているかを理解するためには、それらの語を交換するだけでは不十分であって、むしろ、「パン」という物体や概念に加え、社会的・文化的連関をも考慮する必要があることが明らかになる。

フンボルトが注目するのは、一方で、言語がわたしに与えられており、わたしが言語を使うことによって言語がわたしを制限するということであり、他方で、言語は同時にわたしの言語であり、わたしが使うためにわたしはみずからの言語に従う、ということである。共通の言語の合法則性（*Gesetzmäßigkeit*）とそれを個人が使用する自由（*Freiheit*）とは、一つのものになっている。

誰しもが、われわれの言語の持続的変容（*Veränderung*）に参与している。それゆえに、フンボルトは「個人においてはじめて、言語は、最終的規定性をうる」と言いうるのである。それによって、言語的に表現されたものを理解することは多義的となる。多義性を言語が経験するのは、歴史的変容によるものでもあるし、それぞれの文化に属するからでもある。

シュライアーマッハーは、修辞学と解釈学との連関に言及している。修辞学は言語的発話の規則性を扱い、他方、解釈学は理解、つまり言語的なものの釈義を扱う。「理解という行為は、語るという行為の裏返しである」。両者を結ぶのは、言語に表され、かつ理解し追体験される思想である。

それゆえ、理解は二つのことを考察しなければならない。言語の全体、構造、その規則性、それと同時に、話し手が考え・話すことによって現実化する事柄である。個人の一般性と同時に、言語的に表明された個人の思考が理解される必要がある。

したがって、「語り」の理解は、所与の言葉を前提としている。しかし同時に、「語り」が創造的行為であることにも気づく必要がある。理解は一方で、言語の規則性と「全体性（Totalität）」に定位し、また、その言語のなかで思考されているものに定位している。他方では、話したり書いたりするという具体的な行為のなかで何が起きているのか、つまりは、作者が所与の言語を媒介として何を言わんとしているのかを認識しなければならない。

ところで、作者の具体的行為というこの側面を、シュライアーマッハーはより大きな連関、つまり、国や時代が属する「生の全体」のなかに置いている。フンボルトにも、これと同じような考え方がある。フンボルトの命題は、言語を通じて「世界観」が表明されるということである。「世界観」とはつまり、個人や言語共同体——「国民（Die Nation）」——が生きているところの、世界の認識と解釈である。

ここまで論じてきたのは、言語の一般的法則性と個々人による形成、および言語的なものの理解という言語の側面であるが、それは解釈学の基礎となる。解釈学は、「言表」や「釈義」に関係している。それは「解釈の技法」なのである。解釈学は言葉の解釈を課題としている。このことを洞察し、出発点とすることが決定的なのである。これが詳しく何を意味するのかは、今後展開することにしよう。とりあえず、学理論における解釈学の位置づけを確認することが必要なのである。

3　精神科学と自然科学

われわれは解釈学の理解に近づく方法を見出そうとしている。最初に分かったのは、何かを理解しようとするとき、もしくはそれを解釈する必要があるとき、われわれは人間的なもの、人間が産み出したものと関わっている、ということである。このことは、とくに言語、つまりは言語においてわれわれに与えられたもののうちに顕著に現れる。「無言に（stumm）」に見えるものであっても、それがどんな目的をもっているのか、何を意味しているのか、誰のものなのか等といった問いかけ（fragen）をしてしまう。このように問いかけることによって、われわれはいわば対象を言語へと翻訳し、その対象からの、そしてその対象を通じての答えを期待するのである。したがって、話をしたり記述したりするとき、あるいは対象物、状況、思考が言語的に表現されるとき、われわれは言語そのものと関わっているので、理解はいっそう明確になる。われわれは事実・事象について語る言語を、しばしば直接的に理解する、もしくは、理解しようと努力する必要がある。このような理解の過程を解明することが、解釈学の仕事となる。

解釈学が扱う内容について詳しく論じる前に、そこで解釈学が意義をもつところの学問的コンテクストを明らかにしておきたい。

そのために、以下では最初に、自然科学と精神科学との大まかな区別について論じよう。これによって、解釈学的に問いを立て、議論することに、一体どんな意味があるのが明らかになるだろう。疑いもなく、「精神科学」には問題が多い。「精神」概念ですら問題含みであり[26]、他方、「精神科学」の歴史も問題である。たとえばディーマー（Alwin Diemer, 1920–1986）は、「精神科学」の意義領域（Bedeutungsfelder）を九つも挙げている[(27)]。一般的には、こういう難しさは無視して、「精神科学」という語は統一的な概念として使われている。だが、概念の規定がたとえ難しくても、自然科学と精神科学を区別するための基準を挙げることはできる。

自然科学の対象は、さまざまな現象形式をとって現れる自然である。科学的に重要なのは、データ、プロセス、反応、有機物や無機物の領域で確認される相関である。こういった相関の特徴は、それが因果関係にあること、つまり、ある原因の結果にははっきりとした効果があること、したがって、予測可能であること、そして——まったく決定的なことには——「普遍妥当性」が与えられていることである。

精神科学のほうは、つまりは個人や社会の行動、人間の行動によって規定されている。ここには、因果関係にある反応やつながりを「乱す」ものが働いている。それらには、「精神」「自由」「意味」「意義」「人間的なもの」といった多様な名前がある。これらに条件づけられており、決断や価値づけを通したものであるがゆえに、人間の態度や行動はもはや明白には予想できないのである。別言すれば、因果関係ではなく、意味連関が問題となる。なぜなら、個人的および社会的な意味付与がともに人間的行為を規定するからである。これは、人間の行為が、刺激－反応や原因－結果に基づく仕方で定量的には説明できず、価値、意義、意味付与といった定積的なもの・質的なものを考慮しなければならないことと関係している。

その結果として、精神科学には、自然科学のような普遍妥当性をもはや要求することができなくなる。というのも、先に挙げた精神科学の基準は、一回的なもの、個別的なものが有効に働いていることを意味するからである。これだけの理由で、普遍妥当性を科学の不可欠な基準として要求する者ならば、かならず精神科学を科学の枠組みから排除するにちがいない。しかしながら他方で、ボルノウ（Otto Friedrich Bollnow, 1903–1991）は、普遍妥当性や恣意性に抗して、精神科学の学問的基準として客観性を求めているが、これについては後述したい。

　自然科学が対象とする世界は、定量化可能な、数量化可能な世界であり、いわば「厳然たる事実（hard facts）」である。この世界は経験的に、つまり測定、計数、計量、数学的計算を通じて出来上がっている。つまり、厳密な手順が重要である。それに対して、精神科学の世界は解釈的世界である。つまり、それは「意味の網」（クリフォード・ギアーツ〔Clifford Geertz, 1926–2006〕）である。精神科学の世界は、それ自体が歴史の結果であり、その永続的なプロセスなのである。「歴史的世界は、いつもそこにある、そして個人は、その世界を外から観察するだけでなく、またそのなかに組み込まれている〔…〕。われわれは歴史の観察者である以前に、何はさておき歴史的存在なのであるし、またわれわれが観察者になるのは、われわれが歴史的存在であるからにほかならない[28]」。われわれは歴史的存在として、現実に対して個人的・文化的意義を付与する。この現実こそが、価値、解釈、態度、世界観、もちろん宗教の表現であり成果である。そこには、評価、解釈、美、道徳がある。現実は記述されるのであり、測定されたり説明されたりするものではなく、理解によって把握される。何かが何かとして認識され、理解される。この現実に根本的に関わる学問が、「意味に定位した学問」なのである[29]。

　自然科学は、因果律や普遍妥当な法則性を確立することで、自然界のプロセスを証明し、説明することができ、自然の支配やそれによる技術的応用を可能にする。これに対して、精神科学は記述し、指摘し、説明し、連関を整えること「しか（nur）」できない。もちろん、そうすることによって、実存的方向づけを示すことはできる。数学に定位した自然科学の数式言語（*Formelsprache*）や統計は、事実、データ、数字、記号、そして、それらの関係しか認めない。これに対して、言語は日常的、文学的、（精神）科学的にさまざまに会話や文章に表現される。言語は意味と意義、世界の解釈を把握し表現することを可能にする。こういったことは、経験的に把握可能な世界ならびに人間の世界に属する。その際、認識者は「本質的な主観性（Wesensmäßige Subjektivität）」（ボルノウ）の意味で、認識プロセスに関与している。自然科学で認められるものとは正反対である。なぜなら、自然科学の認識プロセスでは、認識は認識者から独立してのみ起こりうるからである。認識と法則は、いつもどんなときでも、どんな場所でも、主観と無関係に妥当し、再現できるものであるからだ。しかし、たとえばシュライアーマッハーに従って、解釈学的解釈は「技法」として理解されるべきであり、「言語能力（Sprachtalent）」「人間個人の知識能力」として理解されるべきとするならば、自然科学的理解が解釈学に科学性（学問性）を認めず、否定するのも少しも不思議ではない。[30] ここに現れる対立を、ディルタイはつぎのように記述している。

「実質的範疇は自然科学におけるように精神諸科学にも妥当すると主張することはできない。自然科学において抽象的に表現する方法を精神諸科学に応用するなら、（まえにふれた）自然科学の越権が起こるのであり、それは精神的な連関を自然のなかに取り入れたとき自然科学内で非難されたのとまったく同じことなのである。[31]」〔『精神科学における歴史的世界の構成』尾形良介訳、以文社、一九八一年〕

ところで、一方で自然科学、他方で精神科学の基準を素描してみたが、これは解釈学の立場にとって一体何を意味するだろうか。それは、理解の可能性に関する哲学的な問いである。自然科学の領域における事実や測定結果は「理解」できるのか。観察され測定された事実——たとえば地球と月の距離といった事実——には、何も「理解」できるものはない。しかし、注意すべきは、たとえば重力の法則として定式化されるような他の事実との関係は、抽象的で再現可能でなければならないということだ。しかし、こういったことは「理解」と見なすことはできない。理解とは、何かを何かとして認識し、何かの意義と意味を把握するものであるからだ。理解は、自然法則の性格と目的にはそぐわない。それゆえ、解釈学は精神科学の枠内で不可欠であるような役割を、自然科学の領域では何も果たすことはないだろう[32]。

以下では、二つの学問タイプ、自然科学と精神科学の規準についてもう一度一覧表にしてまとめることにしよう（**図表7**）。ことを単純にするために、われわれは、ただ自然科学と精神科学を区別し、これを白－黒（肯定的か否定的か）で描くこと（Schwarz-Weiss-Darstellung）にする。自然科学、とくに物理学の発展の結果、本質的により複雑な形象が生じてはいる。しかし、解釈学を分類・整理するにあたっては、単純化された処置が許されるだろう。社会科学も、かなり重要な役割を演じている。解釈学が社会科学にとってどの程度まで重要であるかは、一人の研究者の学問論的決断次第である。その対象領域を厳密に経験的に研究すべきか、あるいは理解の必要性を考慮に入れるべきか。例として、ただ社会学と教育学に注意を向けてみよう。マックス・ヴェーバー（Max Weber, 1864–1920）とその後継者たちは、経験的に研究する社会学に対して明確に「理解社会学」について語っているが、「精神科学的な」、意味に定位した教育学と対決するかたちで、経験に定位した教育科学が確立されたのである。両者の見方と研究方向はともに、その人間像に基づいている。人間とその行動は、純粋な自然存在として説明できるのか。あるいは、人間

自然科学	精神科学
対象：無機的自然，有機的視線	人間的なもの，人間による産出物
自然界のプロセス，関係，反応	個人と社会の状態
量	質
定量的世界，事実，「厳然たる事実」データ	解釈的世界
因果関係，原因－結果	意味的連関，自由，意味付与
予見可能性	歴史性
制約（条件）：一般妥当性	客観性（ボルノウ） 個人性，一回性
価値自由	価値，質，意味，意義，パースペクティヴの付与
経験的，精密な手続	解釈，厳密な手続――解釈学
測定，計数，計量	記述
説明	何かを何かとして理解する
因果律の確定	意味連関の解明
法則性の証明	自由，全体，意味付与への示唆
（数学的）公式言語，事実のみを認める科学的言語	事実的世界の意味，意義，解釈を認める日常－言語（語り，文献）文学的言語，「世界観」（フンボルト）
経験的科学	意味志向的な学問
無前提，認識者から切り離された認識――どんな時でもいつでも，どんな場でもどこでも妥当し，再現できる知識，法則	認識過程における認識者の前提 「本質的主観性」（ボルノウ）

図表7　自然科学と精神科学の基準

の行動や産出物に関しては、自由な決断、意味と意義、価値と質のような諸現象が無条件に考慮される必要があるのではないか。

つぎに、自然科学と精神科学の関係および解釈学と対決した三人の代表者たちの言説、すなわち、ディルタイ、ボルノウおよびガダマーの若干のテキストに目を向けよう。一九世紀に入ると、自然科学こそが本来の正しい意味での科学性を代表しているという主張が高まってきた。したがって、精神科学は「非科学的」ということになる。ディルタイは、精神科学の科学性を証明し、それによって固有の科学性を基礎づける必要があると考えた。ディルタイは人間を、自然と、かれが「生」「体験」と名づけるところの人間固有のものとの中間に位置づけた。たとえば、「精神諸科学の範囲の限定（Abgrenzung der Geisteswissenschaften）」という章のなかで、つぎのように述べる。

「人間は自然によって決められていることが分かる。自然といっても、そこには、ところどころに現れるわずかばかりの心的現象が含まれている。このように見なすならば、心的現象は物的世界という立派な本文への書き込みのように思われる［…］。われわれが、この物的世界を意のまま自由にするのも、一様な性格についての法則を研究することによってである［…］。ところが、ついでこの同じ人間は逆に自然から生に、すなわち自己自身に向きを変える。人間にはじめて自然が現れるのは体験を通じてであるが、このように人間がその体験にかえること、すなわち意義や価値や目的が現れる唯一の場所である生に帰ること、このことが科学的研究とは何かを決める第二の主要な傾向である。こうして第二の中心が成立する。(33)」

ディルタイはここで、はっきりと名指しすることなく、自然科学と精神科学を対置させている。人間は自然的な存在であり、心的なプロセスさえもこの観点から把握されうる。自然、つまり、「物理的世界」をその法則性に基づいて研究する場合には、われわれ自身は身を退き、われわれの自然体験をあえて無視しなければならない。物理的世界は空間、時間、量、運動といった観点から、抽象的に把握されねばならないことになる。主観は、自然の把握においては、つまり、自然科学のうちには然るべき場を占めていない。それによってこそ、ディルタイは自然科学の性格を確認するのだ。しかしながら、そのときまさに、この自然を体験する人間もいる。人間生活では「意義、価値および目的」がその場を占めている。その結果、自然科学とは別の類の「科学的な活動」の課題が必要になる。つまり、精神科学的なものである。ディルタイは、その対象と課題についてつぎのように記している。

「人間が直面し、創造し、行為するすべてのこと、すなわち人間が生を楽しむいろいろな目的体系、いろいろな個人を収容している社会の外的組織――これらはすべて、いまや統一を保っている。(34)」

精神科学は、そのための特有の通路《アプローチ》、すなわち理解を準備している。それが意味するのは、感覚的に与えられたものに何かが「作用し、表現する」ということである。「理解」することによって、「外なるもの」のうちに「内なるもの」が現れるのである。

なぜディルタイの自然科学と精神科学についての考察に立ち入ったのかも、これで明らかだろう。つまり、ディルタイの精神科学の特徴は、理解を中心に据える解釈学へとわれわれを導いている。「外なるもの」と「内なるもの」は「理解において、生の外的な感覚の現象と、それを引き起こしたもの、すなわち、そこに現れているものとの間にある関連を示している」[35]。ディルタイの解釈学の考えについては、のちに再び論じることにしよう[36]。

オットー・F・ボルノウ（1903–1991）は、たとえ生の哲学から出発したのち、実存哲学のほうに転換したとしても、ディルタイの後継者と見られる。ボルノウにあっても、自然科学と区別されたものとして精神科学を基礎づけ、学としての正当性を確保することが問題であった。ボルノウは普遍妥当性という自然科学の基準に対して、客観性という基準を導入する。

「認識の普遍妥当性という意味は、一般に認識が認識する人間のさまざまな特性から独立しているということ、すなわち一般に、あらゆる認識者にとって認識でき、かつ認識するように義務づけられているということである［…］。

それに対して、客観性とは、認識がその対象に妥当しているという意味での真理を意味する。」[37]

〔『理解するということ』小笠原道雄・田代尚弘訳、以文社、一九八一年〕

ボルノウは同時に、「客観性」の肯定的意味を述べている。別の箇所では、このような意義を「対象に対する正義」と見なす。かれは、「認識主観のすべての内面的関与の排除」を意味するような否定的意義にはくみしないのだ[38]。

ボルノウの文章にはこうして、ふたたび自然科学の特徴が現れている。自然科学の認識は、認識主観から独立したものだ。たとえば、数学は単純な言葉である。精神科学はこのような普遍妥当性とは反対に、客観性を求めなければならない。客観性は、認識がその対象に妥当していること、つまり、認識がその対象を正当に評価していることに現れる。真理は、他者との対話においてのみ経験される[39]。

かくしてボルノウは、精神科学的認識にとって有意義な、対話的構造を承認する。それはとりわけ、解釈学に対しても有意義なのである[40]。

精神科学に対しては、自然科学の意味での普遍妥当性は求めることができず、客観性こそを求めるのだとしたら、それはどのように保証されるべきなのか。そのための決定的な観点は、事実・事物からの抵抗である。文献理解を例にして言うならば、けっして文献を好き勝手に読むことは許されない、ということだ。むしろ、テキストがいったい何を言っているのか、著者が何を言いたかったのかを、粘り強く問うことが必要となる。

ボルノウにとって重要なのは、「精神科学的研究の確実性をふたたび獲得する」ことだ。

「普遍妥当的でない真理、結局個人に限定された真理の可能性が原則的に承認されることが必要である。しかしながら、このような普遍妥当性の放棄は、客観的真理と主観的恣意の間の厳密な相違を破棄することとして理解されてはならない［…］。むしろ真理は、さまざまな事物そのものとの交わりにおいてはじめて生じてくるのである[41]。」

事物との対決においてはじめて、認識が生まれる。事物は、われわれの恣意に抵抗する。認識の客観性は、「認識が事柄そのものの抵抗に突き当たることによって——認識はこの抵抗に耐え、この抵抗が逆に認識に根拠を与え」、確証される[42]。認識のどんな形式の確証であっても、ある形式の抵抗経験に基づいている。「そして、この抵抗経験の形式が、これまで普遍妥当性の要求を満たしていた能力をいまや引き受ける。すなわち、たんなる主観的恣意に対して、認識の客観性を確実にする能力を引き受けるのである[43]」。

そしてボルノウは、主観性がさまざまな形で証明されること、つまり、必然的と証明されうることを指摘する。第一に、「主観性は内面的・人格的に関与した状態として、つまり認識されるべき真理の内容に人間が関心をもった状態として、理解される」。第二に、主観の側での特定の諸条件、すなわち特別な能力や経験として理解される。第三に、認識する、一回的な主観として。これが、認識の構成的要素である[44]。これをボルノウは「本質的主観性（wesensmäßige Subjektivität）」と名づけている。

ボルノウはさらに、もう一つ広い意味での「主観性」を区別した。それはしかし、科学的な厳密性の要求を満たすものではない。つまり、「際限のない恣意性、またたんに自己自身のとりこになっているという意味での主観性であり、またあらゆる種類の個人的偶然性（Zufälligkeit）への依存という意味での主観性、つまり事柄自体との真の接触にけっして突き進まない主観性である。われわれは、上述の諸形式とこの最後の形式との間を、本質的主観性と偶然的主観性として区別しよう。前者は、認識の本質に必然的に属する。なぜなら、それはまず認識を可能にする助けをなすからである。偶然的主観性は真の関係を曇らせるにすぎず、回避可能なものである[45]」。

ボルノウは「本質的主観性と回避可能な主観性」とを区別したが、それはかれの精神科学を理解するう

主観性 ⟷ **客観性** ⟷ **普遍妥当性**

回避できる：
恣意性と任意に基づく
意見，
囚われ

本質的，
必要な主観性
精神科学の理念，
対象の認識への適切さ，
事物の抵抗を通じて

自然科学の理念：
どんな時でも
どんな場所でも
到達できる認識

図表8　ボルノウによる客観性

えで根本的なことである。もちろん、経験科学の視点からの「本質的な主観性」による挑発は残ったままである（図表8）。本質的な主観性は、必然的にもっと明確に証明されうるのだろうか。また、「事実・事物の抵抗」とは、いったい何なのか。それはどのように現れるのか。そして、ボルノウは「主体の最内奥（innerste Tiefe des Subjekt）」をどう考えているか。天才的に人の身になって考えることができることなのか。このような疑問は、本来の意味での解釈学的思考過程をより詳細に考察すれば答えが見つかるだろう。

ハンス＝ゲオルク・ガダマーは、解釈学に関する長文の論説の最後に、解釈学の意義をまとめている(46)。これによって、解釈学へのアプローチに関するわれわれの考察を最初に戻そう。ガダマーは、言語を解釈学の中心に置くことを強調する。「なぜなら、言語は数あるなかの一つの媒体であるのみならず［…］、意識疎通によって実現される理性の潜在的共同性に対する特殊な関係にある」。ガダマーはここで、言語がコミュニケーションの道具であるとする言語理解とは一線を画している。「コミュニケーションを通じて実現される理性の共通性」とは、理解を通じて可能となる会話のことなのである。

ガダマーは解釈学の意義を、文献理解を越えて拡大している。というのも、「語りや文献だけではなく、あらゆる人間の創造物のなかに「意味」は入り込んでおり、それを取り出して読み取るのが解釈学の課題である」からである。したがって、理解は意味理解である。意味はあらゆる「人間的文化被造物」に現れており、したがって、あらゆる人間的なもの（人為的なもの）の決定的基準である。それゆえ、荒野の石のピラミッドも独特の仕方でわれわれに語りかけるのだ。それは、かならずしも際立った意味での「文化的被造物」が問題である必要はない。

「人間のあらゆる世界認識は、言語で媒介される。最初の世界への定位は言語を学ぶことで完了する」。したがってガダマーは、あらためて言語の中心的地位を強調し、言語に「世界への定位」の役割を認める。フンボルトは、われわれに言語とともに与えられる「世界観」について語っていたのだった。

このことは、テキストに関して起こるだけではない。われわれに言語で媒介される――「引き継がれる（übergeben）」――世界とは、「コミュニケーションで経験される」、つまり、「意思疎通的に経験される」世界なのである。

「われわれが生きている伝統は、文献や碑文から成るだけで、言語によって編纂され歴史的に記録された意味を伝達する、いわゆる文化的な伝統なのではない。むしろ、意思疎通によって経験される世界そのものが、開かれた全体として、つねに手渡され、「伝統的（traditur）」となるのだ。そして、解釈学的な努力は、世界が経験され、馴染みのなさが止揚されたところ、あるいは、理解力、洞察、習得が生じるところで、科学のあらゆる認識が個々人の個人的知識へと統合されるところで、成功するのである。(47)」

ガダマーがここで、伝統とは「文化的伝統」なのではないと言っていることは、いささか意外で奇妙に思われるかもしれない。それならば、他にどんなものがあるのかと疑問に思うであろう。ガダマーにとって重要なのは、われわれがそのなかに実存する「開かれた全体」である。われわれは、そのなかに自分を見出すのである。われわれが生きているだけで、文化的なものが受け継がれるということではない。ここでガダマーが言う伝統とは、歴史的に受け継がれたものよりも広く、かつ、開かれたものである。われわれに「受け渡さ」れるものは、同時に開かれたものである。われわれに「受け渡さ」れるもの――「伝統」――とは、われわれが他者との交流のなかで経験される世界である。「世界が経験され、馴染みのなさが止揚されたとき、理解力、洞察、習得が生じるとき」、そこで生起するのが解釈学的理解である。これによって、自然科学的認識すらも個人的な知へと統合される、つまり、認識者の全体性へ統合されるのだ。したがってガダマーは、自然科学と精神科学の対立が相対化される、人間の陶冶の観点を記述することになる[48]。しかしながら、これについては別の場で論じることにしよう。

第III章

解釈学のパースペクティヴ

これまでの章でわれわれは、解釈学への接近方法の解明を試みてきた。解釈学の必要性、すなわち理解、何かを何かとして理解することの必要性は、どこで、またどのようにわれわれの心に浮かび上がってくるのか。われわれが確認したのは、それはわれわれが人間的なものと関連をもつところにおいて――単純な日常において、複雑な連関において、あるいはまさに、たとえば荒野の土地で人間的な対象に遭遇する例外的な状況において――だということである。より広範で、しかしまた理解しなければならないものの中心的な領域は、あらゆる言語的なもの、すなわち語られ、記述された言語とともに開かれている。フンボルトとシュライアーマッハーは、言語の普遍的で規則的な側面と同様に、その個人的かつ創造的な側面に注意を払っている。理解することは、この両方の側面に関係する。そのとき、言語によって世界の開示が生じるのである。さらに広範な観点は、自然科学と精神科学、経験的科学と意味定位的科学との区別であった。普遍妥当的な言表は客観性を要求する言表（ボルノー）と対峙し、因果的な規則性の確認が、意味連関の発見と対峙する。ここでもまた、言語の意義が示される。ディルタイとボルノーは、自然科学とならんで対等な精神科学の学問論的意義を明示するよう尽力した。精神科学が、その対象を解釈学的に開示することを必要としているということが、われわれの連関にとって重要である。

われわれが以下で答えようと試みる問いは、つぎのような内容である。すなわち、解釈学はどのようなパースペクティヴのもとでみずからを示し——理解するのか、そして、解釈学は何によって取り組むのか、である。その際、実際に一つの観点で——たとえば、理解ないし解釈学的循環で——ほとんどすべてが語られ、かつ理解されうるのだとしたら、パースペクティヴが問題となる。しかし、視角・観点の多様性が解釈学の像を変化させ、補足し、深化させるべきである。

1　理　解

われわれは、すでに数回出会っている解釈学の記述、すなわち、理解することから始めることにしよう。解釈学においては、人間的なものの理解、とりわけ、語られたものであれ記述されたものであれ、言語的なものを理解することが重要である。解釈学的な問いとは、一方で——他の認識方法と一線を画して——何が理解を特徴づけるかということであり、他方では、どのように理解が可能であるかということである。「理解すること」には、日常語のなかで多様な意義がある。「きみがそれを行うことができるとわたしは思わない」、あるいは「わたしは、きみが喜んでいるのがよく分かる」などとわれわれは語る。このような理解は、他者の身になって考えている。それは、共感すること（Mitfühlen）であり、感情移入すること（Sich-Hineinversetzen）である。それは、心理学的に理解することである。たとえば、馬力（PS）がエンジン出力（KW）にどのように換算されうるかを理解しているとわたしが言うときには、また別の種類の理解が存在していることになる。こちらは物理学的・数学的な操作、つまり、論理的な連関の思想的追体験（*gedankliches Nachvollziehen*）である。その際、われわれは――「いま、わたしは理解した！」――という「アハ体験（Aha-Erlebnis）」をすることができる。他方で、わたしが「君の言うことが分かる」とか、「この本は、わたしには分からない」というふうに語るとき、「理解」は別の意味を有している。ここでは、語られたものと記述されたものの意味の理解が問題となる。このことが、解釈学の関心を決定する。解釈学においては意味の理解が、語られたことや記述されたことのなかで陳述されている意味を解明、解釈することが重要である。

意味―理解は、どのような状況と関わり合っているのだろうか。そこには何かが、ある対象、ある行動、あるテキストが与えられている。理解することが誘発される時と理由とはすなわち、われわれがそこに人間的な何らかのものを認識し、その際に所与のもののもつ意義（Bedeutung）ないしある意味をなすもの（ein Sinnhaftes）を認めることを前提とする、という事態である。われわれは、この意義や意味を理解しようと欲する。そして、この意味や意義に、所与のものが何か人間的なものとして、それゆえに意味をなすものを知覚してその意義を理解するか理解しようと欲しているという構造を、与えることができる。われわれは、それを簡潔につぎのように表すことができる（図表9）。

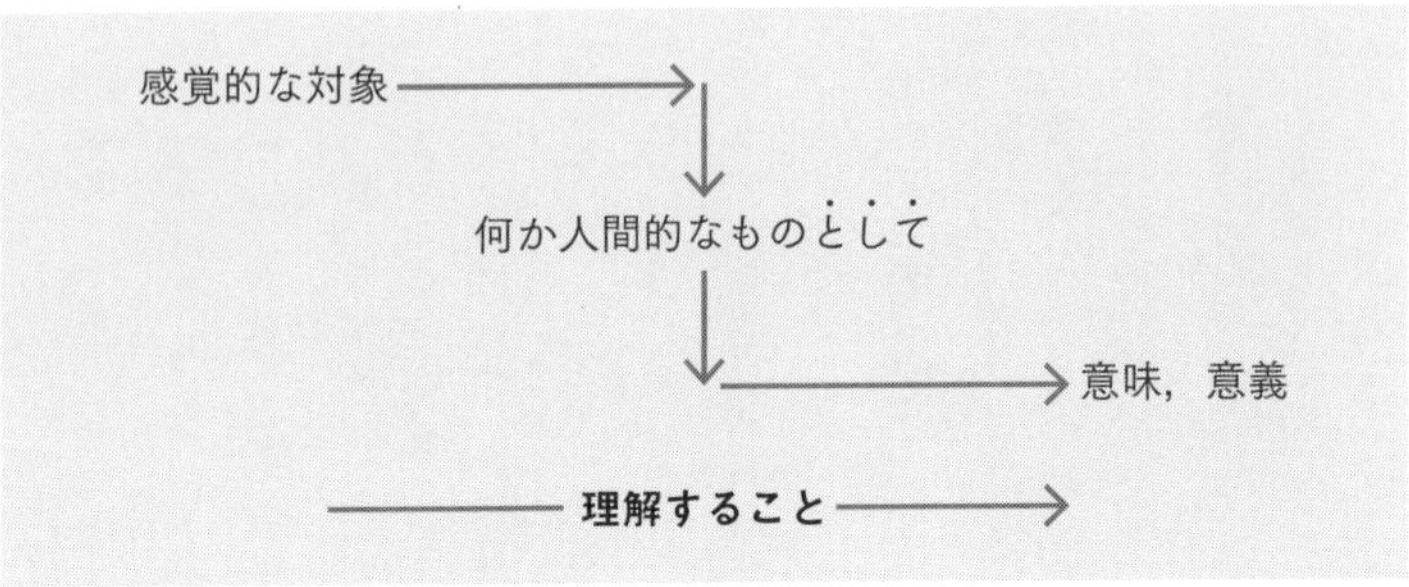

図表9 理解すること (a)

石のピラミッドの例では、それが自然環境に適合していないがゆえに目立つということを、われわれは洞察した。石のピラミッドは何か人間的なものを示唆している。それゆえにこそ、われわれはそれが意味しているものを理解しようと思う。その基礎になっているのは、独自の態度と期待である。われわれは自然－現象と自然－過程について、語るのと同じように、「理解」しようとも欲するのだ。

しかし、われわれが事実を問い、因果的諸連関を問うのは、まったく別の様式や仕方においてである。われわれは、純然たる硬貨をいわば人間的な対象とは見なさない。それを何か別のものであるとし、そこには何か「それ以上のもの」があることから出発するのだ。われわれは人間的な対象を、何かあるものとして理解する。さきに言及した石のピラミッドを知覚することを、理解することの構造の例として考えてみよう。

石のピラミッドを正しく、妥当的に解釈することが問題なのではない。明らかに残されたままの問いもまた、答えの試み——解釈である。もしかすると、かの石のピラミッドが精神的意義をもっているとすれば、一般に、適切に理解すること、つまり思索可能なものは拒否されるだろう。なぜなら、われわれはその石のピラミッドの時代に、その近くの岩壁にインド人の石の住居とか、われわれには理解できない記号が描写されて

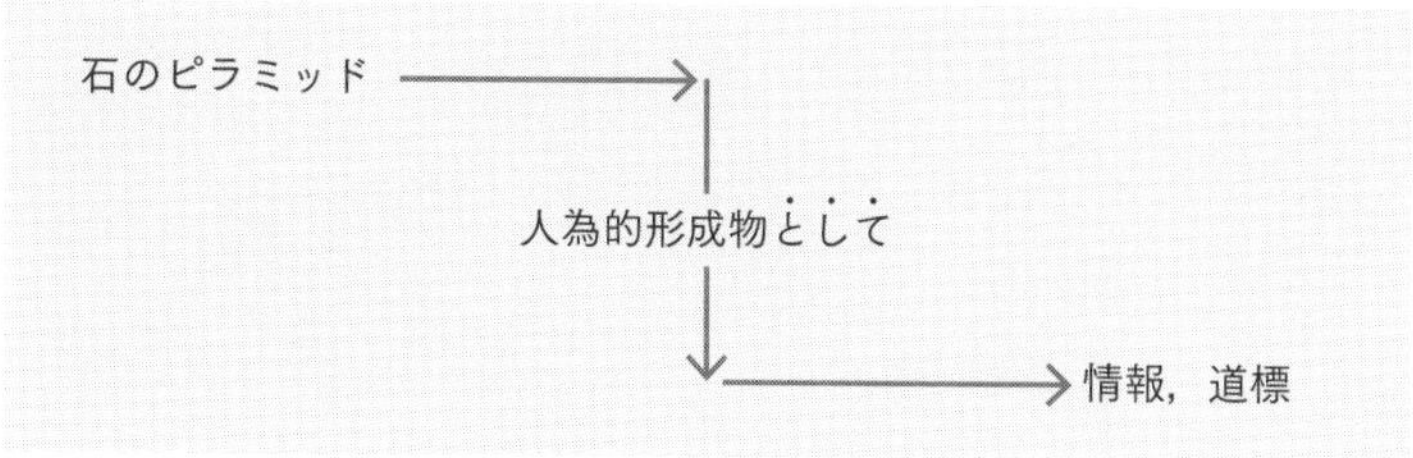

図表 10　理解すること (b)

いたのを発見したからである。何かを何かとして理解することは、かならずしも簡単に解釈される要件ではない。それは複雑なものとなりうる。明白な意義について考える、より広範な具体例を取り上げることにしよう。それは、クリフォード・ギアーツ（Clifford Geertz, 1926–2006）がギルバート・ライル（Gilbert Ryle, 1900–1976）とともに「厚い記述」（dichte Beschreibung）と名づけたものを紹介するために、使用しているものである。

「右目のまぶたを迅速に動かしている二人の少年を［…］思い浮かべてみよう。一方の少年にとって、それは意図せざる瞬間的行為（Zuck）であり、他方の少年では、友人への密かな合図である。動きとしては両者の動きは同一である。しかし、動きのみを見てとるような、写真による「現象学的」知覚の観点からは、どれが瞬間的行為であって、どれが目をパチパチさせる合図であるのか、あるいは両者とも瞬間的行為でも目をパチパチさせる合図でもなかったかどうかを決めることはできない。しかし、写真で確認することはできないにしても、瞬間的行為と目をパチパチさせる合図との間のより重大な違いは、やはり存在する。もっとも、だれもが不運にも前者を後者と見なしてしまうものだが。目をパチパチさせて合図する人は何かを、しかもまったく的確で特別なやり方で知らせている。(1)かれは意図的に、(2)だれかある

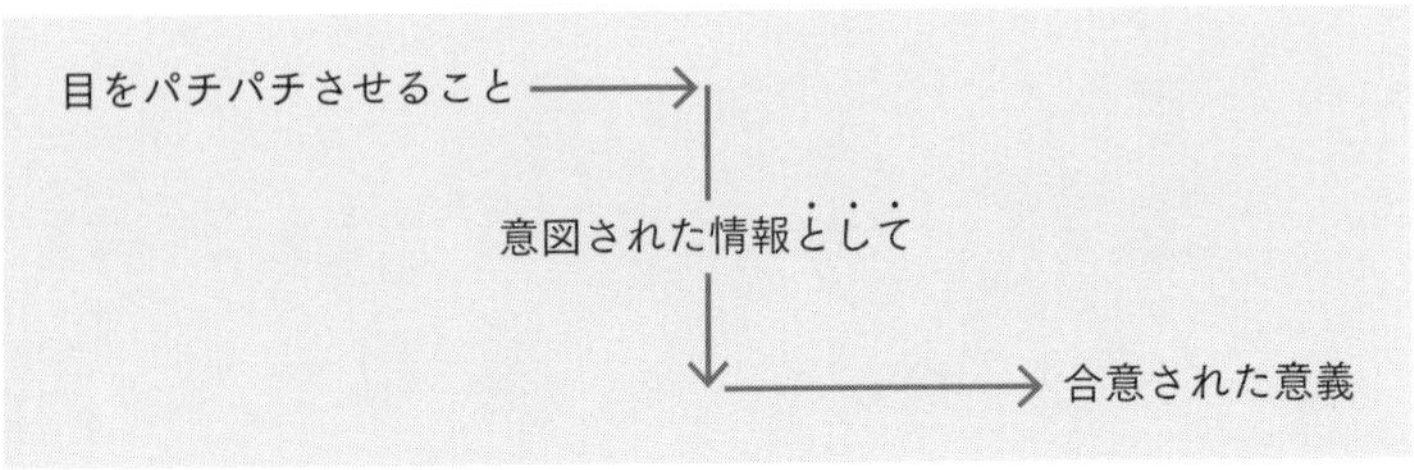

図表11　理解すること（c）

特定の人に、⑶一定の情報を伝える。⑷しかも社会的に確定されたコード（Code）に従って、⑸残りの人々に知られることなしに。目をパチパチさせて合図する人は二つの事柄をなす——かれのまぶたを動かし、目をパチパチさせて合図する——が、他方、まゆをピクピク動かす人は、まゆを動かすのみである。公的なコードが存在し、それに従ってまゆの意図的な動きがひそかな合図と見なされるやいなや、それはまさに目をパチパチさせて合図するのと同じことになる。[49]」

われわれは目をパチパチさせて合図する際に起こる理解を、ふたたび図式で説明することができる（**図表11**）。

ここでも理解が問題になっているけれども、目をパチパチさせる仲間に限定されている。

「しかし、これはほんの始点であるにすぎない。[…]なお第三の少年がいると仮定しよう。かれは、第一の少年の瞬間的反応を、「仲間内での意地の悪い楽しみのために」、愛好家風に、不器用に、奇抜に、あるいはまた別のやり方でからかうだろう。その第三の少年は、まばたきをする第二の少年やピクピクまゆを動かす第一の少年とまったく同様のことをする。かれは右のまゆを動かす。ただこの少年は目配せもせず、ピクピクまゆを動かすでもなく、かれの考えによれば、他人の笑うべき試みに目配せしてちゃかしているのである。[50]」

したがって、ここで生じている、あるいは生じえたであろう理解は、相当複雑なものになっている。というのも、合意された情報という意図を欠いたパロディー、したがって錯覚やちゃかしが問題となっているからである。あるいは、意図的なまばたきではなく、神経反射で呼び起こされた目の震動が問題となっている。ともあれ、そこには大した意味はない。理解すべきものは何もないからである。

たしかに、この最後の事例は、理解とは異なって説明することとは何かを明らかにできるだろう。神経質な目の震動は、神経疾患によるか、あるいは心理的興奮によって引き起こされる。そのとき説明は、現象または事実を因果連関に帰着させる。説明は、一つの根拠（*Grund*）を提示しうる。それは、たとえば目をパチパチさせてする合図をちゃかそうと思う人の、目の短く急激な動きにも挙げることができる。そこでは、意志的で意図的な介入が問題である。それゆえ、因果的な「原因」の代わりに、故意の「根拠」について語るほうが適切であるように思われる。原因ないし根拠に還元して説明することは、何かを何かとして理解することとは区別されなければならない。[51]このことも図式によって説明することができよう（**図表12**）。

われわれはいまや、解釈学的概念としての理解を、別の意義に対してはっきりと区別すべきであろう。そのために、最初に『精神科学的教育学の方法』（Methoden geisteswissenschaftlicher Pädagogik, 1. Aufl., 1979）で説明した図表を使用するだろう（**図表13**）。

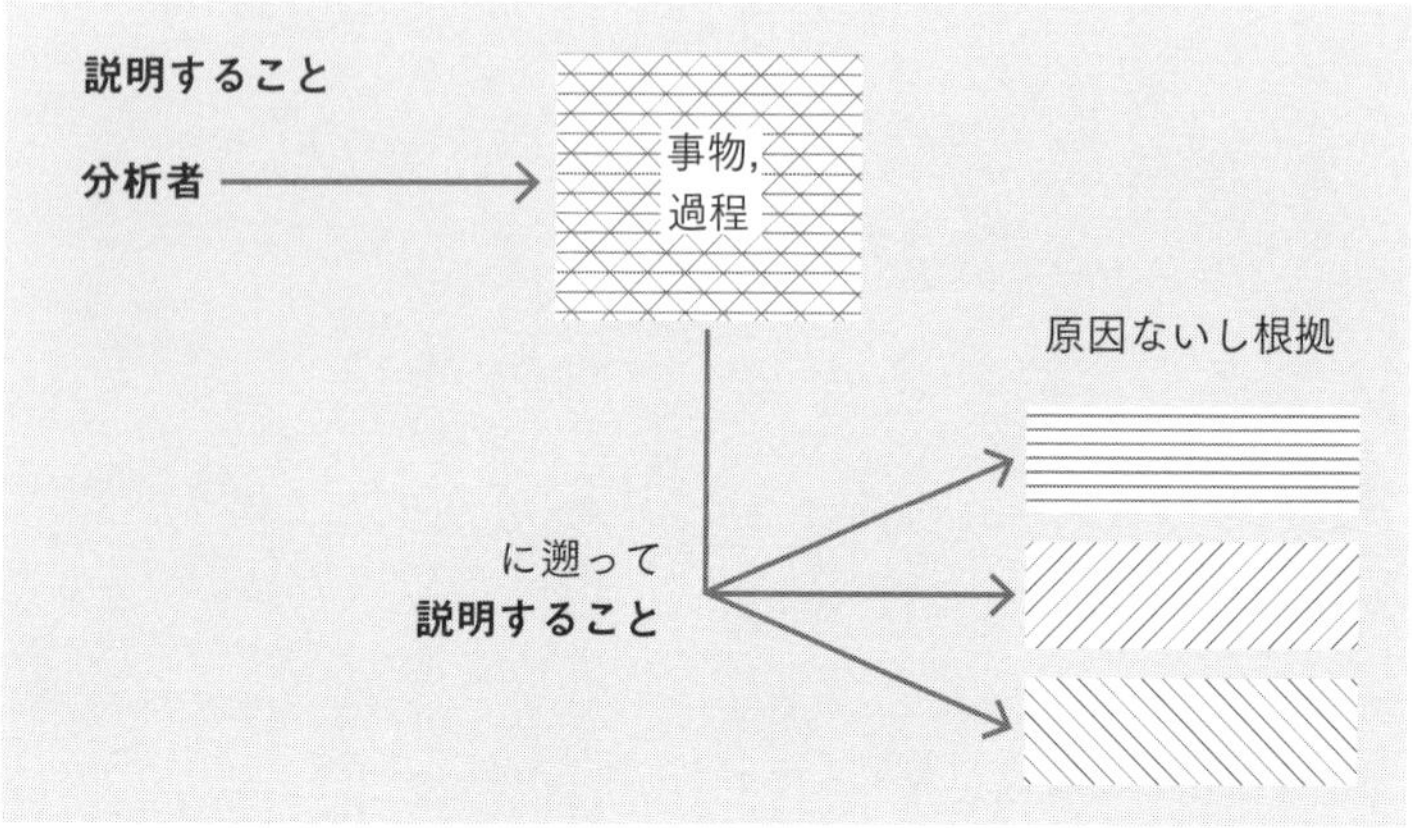

図表 12　説明すること[52]

広義の解釈学的概念としての理解は、一方では説明することから、他方では日常会話的な、むしろ曖昧な使用から区別されなければならない。解釈学的な文脈では、理解は「意味－理解」であり、何かを何かとして理解することを意味している。ここでは、たとえばディルタイにおいては心理学的に理解することがそれに近づく通路としての役割を演じている。意味－理解は、ともかく自発的で直接的に生じる——ディルタイはこれを、初歩的理解（elementares Verstehen）と名づけている。たとえば、「パン」について語られるとき、ドイツ人にとってはさらなる説明なしに理解される。「意味－理解」が高次の理解となるのは、語、文、テキスト、文化が関係づけられ、語られていることが理解できるために相互に解明される場合である（**図表13**）。ここでもわれわれは、「パン」という例を、特定の文化圏の枠内において想起する。最初にこの文化圏に関連して解明されるのは、「パン」という事柄で意味されているものである。そもそも適切に理解しうるためには、先行理解（Vorverständnis）——したがってここでは文化的なもの——が必要とされる。理解は、ただ「理

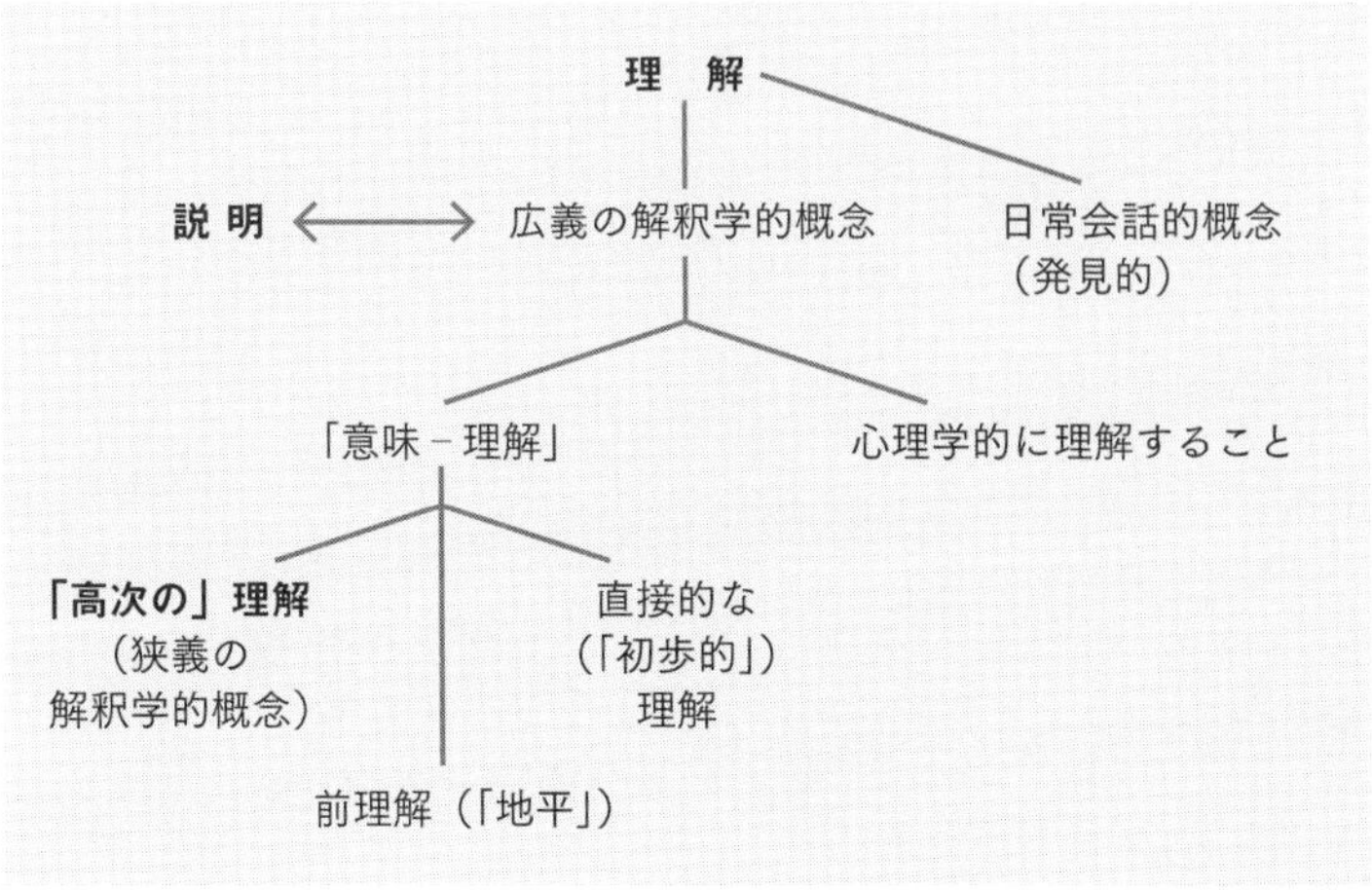

図表13　高次の理解[54]

解する者が、かれ独自の前提を活用することさえあれば」可能となるのだ[53]。

これまでわれわれは、テキスト解釈に先立って理解について語ってきた。それによって明確にされるべきなのは、解釈学的な意味における理解について語るとき、どんな認識行為が問題なのか、である。明らかに、意味－理解としての「高次の理解」が問題である。このことはいまや、とりわけ言語的なものを理解することに関して妥当する。語、命題、テキストは、何かを陳述する。本文（Wort-Laut）や活字面（Schrift-Bild）を、われわれは何らかの意義を内にはらむもの、何か意味をなすものとして知覚する。少なくとも、書かれたものや語られたものが何かの意味を伝えようとしていることを、われわれは期待する。それゆえ、われわれがその言語を知らないのに、誰かがキクユ語（Kikuyu：ケニア周辺に住むキクユ族の言語）を話したり、別の者が日本語を書いたりすると、無礼なことをするように感じるのである。そこでは何かが伝えられている――そして理解することができ

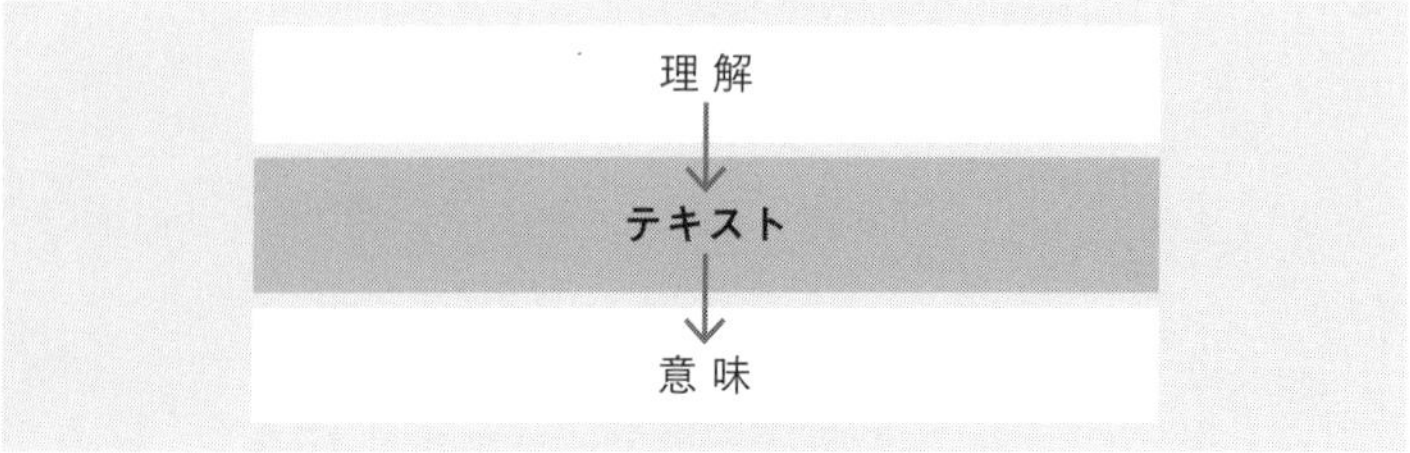

図表 14　理解の構造（a）

ないということから、われわれは出発するのである。

解釈学的なテキスト理解のもっとも単純な構造は、**図表14**が示している。われわれは目の前にあるテキストに対して、その意味を把握するために、語られたことを理解しようと試みる。より広範なものを図表に加えると、この過程はより複雑なものになる（**図表15**）。

理解されるべきなのは、語りとして、話されたものとして、あるいは記述されたテキストとして眼前にある言語である。理解されたものが、解釈され、釈義されることによって、意味が把握されるべきである。ここですでに示唆されているのは、言語的に仲介される意味が、解釈を通じて再現される意味とは同一ではありえないし、そうあるはずもないということである。意図された理解と、遂行された意味の解釈との間にはある道のりが存しており、ある手続きが起こることで、結局そのときどきに変わる理解（Jeweils-anders-Verstehen）が生じる。[55] さしあたり、理解するなかで関わっている意味は、著者によって意図されたものである。しかし、それは結局、解釈者たちによって解釈されたものでもある。この意味は、解釈学の理論に応じて、別の視点を含み込む。たとえばアウグスティヌスの「内なる言葉」であったり、ドロイゼンの歴史性であったり、あるいはハイデガーの「気づかい・配慮に支えられて世界の事情に通じていること」であったり、ガダマーの作用史や理解

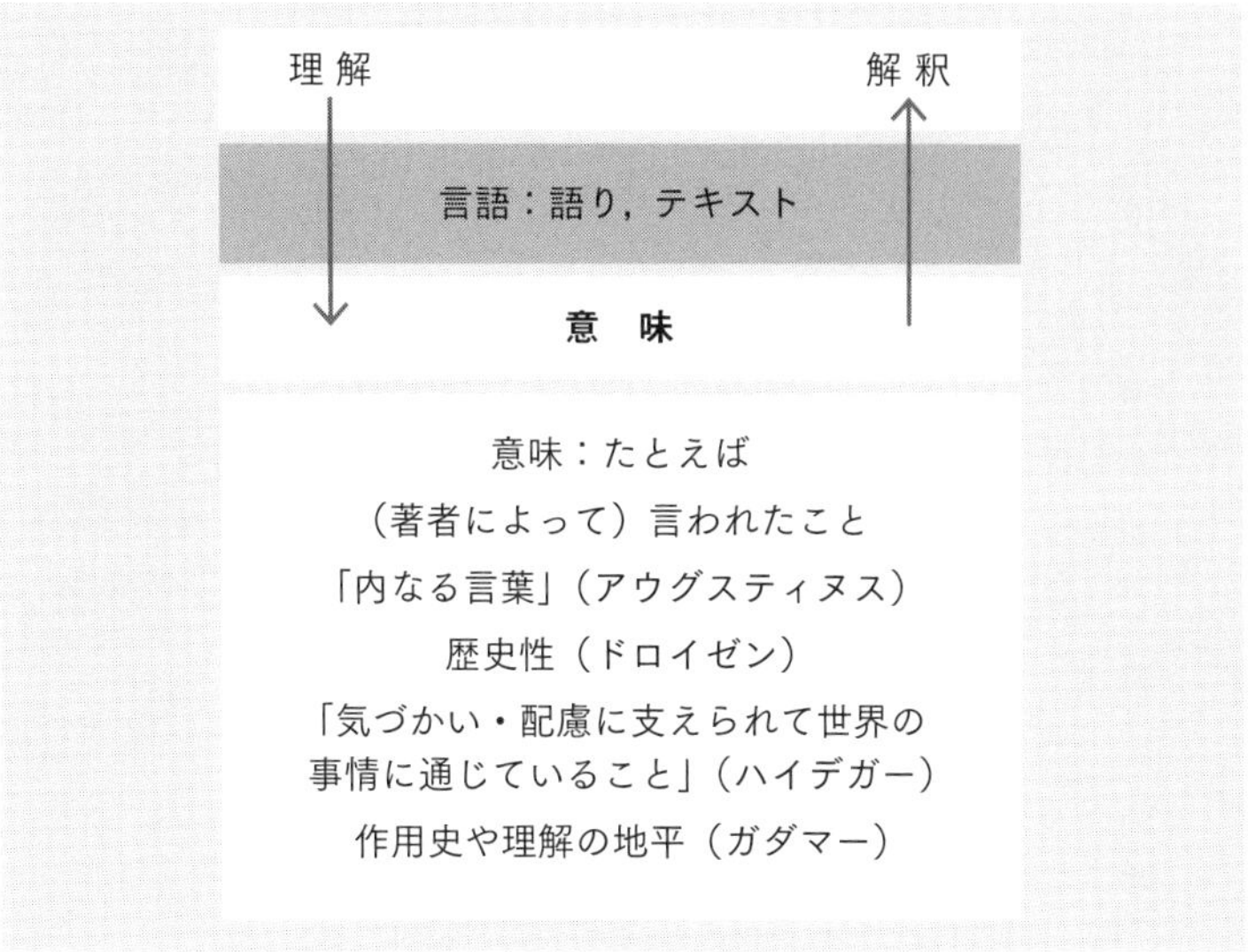

図表15　理解の構造（b）

の地平であったりする。このような諸規定には、のちほどもっと詳細に立ち入ろう。

　われわれは理解の過程について、より広い観点を考慮することができる（図表16参照）。理解と解釈とは、解釈者の状況である。著者とは、語りやテキストにおいて言語で表現している者のことである。

　しかし、われわれはこの平面上に非‐言語的なもの、すなわち、たとえばその意味と意義が目的ないし意図のうちにある人工物（「石のピラミッド」）、あるいは行為（「目をパチパチさせてする合図」）を付け加えることができる。狭義の言語的なものが問題である限り、テキスト（および語り）の内的な調和、語は解釈学的にどのような意義をもつのだろうか。思考過程は論理的か。文法的な観点ではどのような意味が生じるのか。意味という平面で話し合われる事実・事柄（Sache）が問題となる。

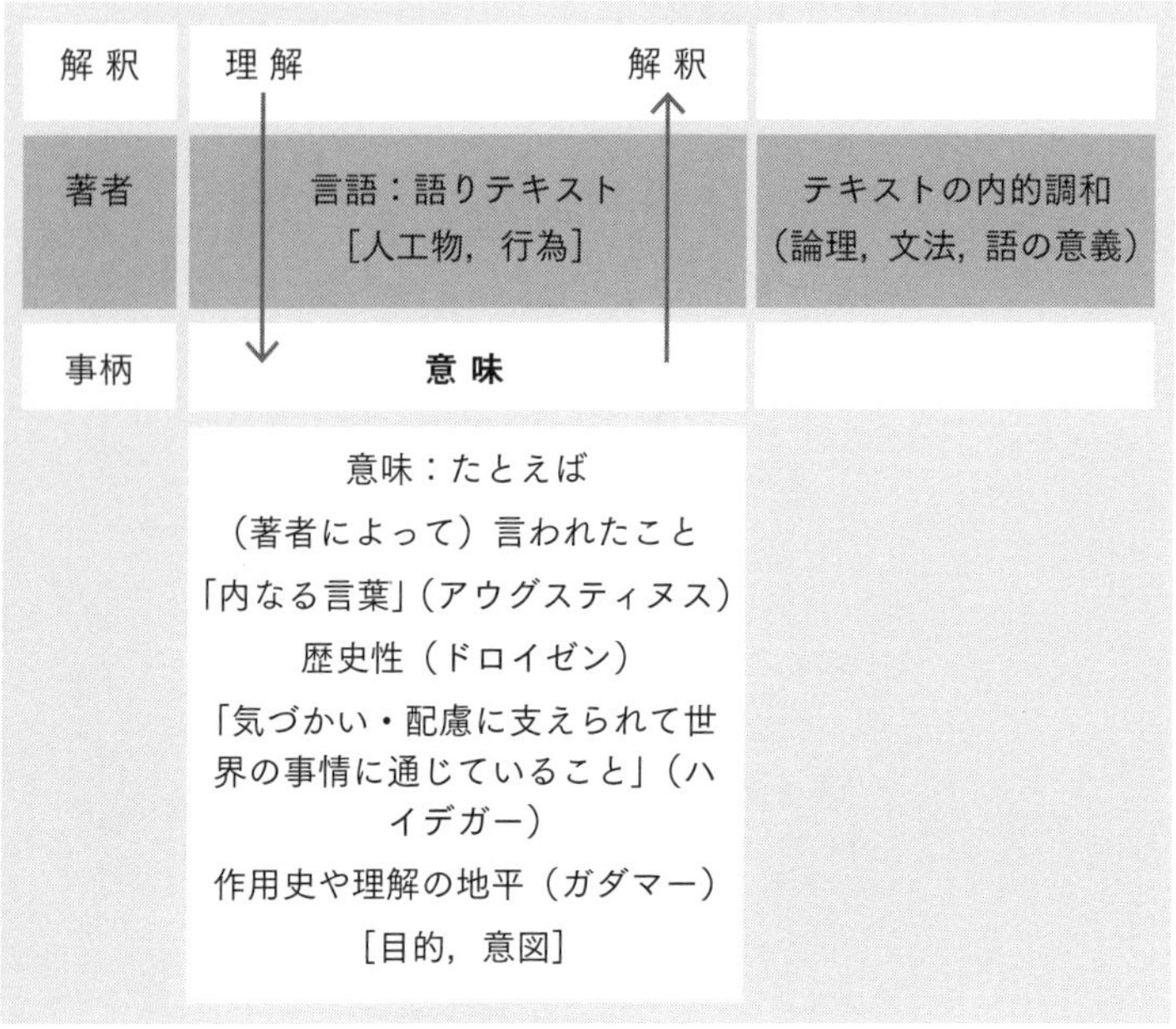

図表16　理解の構造（c）

ガダマーは、すべての理解は言語的であるというテーゼを主張している。「意思疎通（Verständigung）の全現象、いわゆる解釈学の対象を構成している理解と誤解の全現象」が、言語現象を叙述しているだけではない。「意思疎通の相互人間的な事象」のみならず、「理解そのもののプロセスが言語以外のものに向けられるときも、言語の生起を叙述している」[56]からである。

対象的なものは何を叙述しているのか、そして何を意味しているのか、どのような目的を有しているのか、対象的なものはこれらの問いをわれわれに問うているのであって、われわれはすでにこのような状況に投げ出されている。これらの問いとともに、われわれは言語のなかへ動いてゆくのである。

話している人の話を聞き、テキストを読

むとき、一方でそれは、そこで語られているものを理解しようと思いその意味を把握しようとするわれわれの意図をなし、他方でしかし、この「意味‐把握」はまた解釈すること、釈義することであり、創造的な行為である。もし、われわれが話し手とテキストを誤解するとしても、誤解は文書で証明することができる。しかしまた、解釈も事柄に関する独自の先行理解（Vorverständnis）、つまり著者の解釈ではない先行理解から出発する。理解は、「理解を異にすること」である。理解は、著者に賛同しなければならないということを意味しない。他の先行理解も、事柄について著者とは異なった知識を有しうることを意味するのである。

サルトル（Jean-Paul Sartre, 1905–1980）は、読む際の創造性について記述している。

「読者は、同時に暴露して創り出す意識、つまり、創り出すことにおいて暴露し、暴露することで創り出す意識をもっている。〔…〕かくして意味は、最初から個々の語にあるのではなく、反対に、すべての語の意義を把握することでもってはじめて認められる。(57)」

著者の意図したことの理解と、語られたことの解釈とがいかに分離しうるか、実例を挙げて説明してみよう。知識、表象、立場に基づいて、「樹木（Baum）」という事物は著者にとっても解釈者にとっても、さまざまな意味をもちうる。

・保護すべきものとしての「樹木」

・有用植物、建築用材、果樹として
・公園内の飾り、日影を与えてくれるものとして
・聖なる樹木として、たとえばキクユ族の「ムグモ〔ケニアにある樹齢一〇〇年のイチジクの木〕」
・ロマン主義のメタファーとして、たとえばシューベルトの『冬の旅』における菩提樹。
・生命の樹として
・新年における覚醒する生命として
・休養の場として
・雷雨や暴風における危険として
・生物学の学問的な対象として
・その他

したがって、われわれは「樹木」について聞いたり、「樹木」を見たり、はたまた実際の樹木の前に立つとき、何を考えているのだろうか。各人は、それを何と結びつけるのか。

これは、けっして理論的な思考ゲームではない。なぜなら、われわれはたとえば、自然保護運動家と事業者がどのような対立状態にあるのかを経験しているからである。ブラジルの熱帯雨林の消滅を考えてみよう。「樹木」という事物を越えて、気候変動のことについて考えてみよう。グレタ・トゥーンベリの立場とドナルド・トランプの立場は、これ以上に相反するものなどないほどだ。

したがって、理解はけっして中立的な要件ではない。意義や意味が問題となっているのである。

2 意味——意図されたもの

しかし、この「意味」とは何か。われわれはこの語で何を意図しているのか。さしあたって、理解と意味は明らかに緊密に同じ全体に属し、関連していることを確証することができよう。理解されたもの、われわれが理解しようと欲するものが意味であり、意味をなすものであり、有意義なものである。いずれにせよ、それが解釈学の状況である。解釈学的には、意味‐理解が重要なのだ。ガダマーは、テキストの理解に関してつぎのように語っている。

「テキストを理解しようとする者は、つねに投企（Entwerfen）を遂行する。テキストの最初の意味が示されるやいなや、かれは全体の意味をあらかじめ投げかけている。テキストを特定の意味へ向かう一定の期待とともに読むがゆえにのみ、そのような意味があらためて示される。そのような先行投企を仕上げることは、意味のうちにより一層潜り込むことで明らかになるものから常に点検されるのだが、そのような先行投企の仕上げにおいて、ここにあるものの理解が成立するのだ。[58]」

ここで記述されているのは、いかにして理解が生じるかである。これは、けっして「アハ体験」ではない。アハ体験の場合、最初は暗闇であり、突然明るくなるものだ。むしろ理解は、ガダマーの言うように投企として遂行される。十分な吟味（Ausprobeiren）として遂行される、とも言うことができよう。「テキストの最初の意味が示されるやいなや」、われわれは本のタイトルや表題、見出し語に基づいて、またわれわれの先行知識や期待に基づいて、特定の意味をテキストに込める。しかし、意味との対決のなかで、投企された仮のテキストの意味は変化し、わたしはよりよく、より適切に、おそらくいつもとは異なるように理解する。あるいは――これも除外されえないが――、より不適切に、より誤って理解する。ガダマーは、つぎのように続ける。

「この記述は、もちろん大まかに省略したものである。すなわち、先行投企のそれぞれの変更は、意味の新しい投企を前もって投げかける可能性のうちにあるということである。また、意味の統一がより明白に確定されるまで、たがいに張り合う諸々の投企が仕上げのために相互にもってこられるということである。そして、解釈は、より適切な諸概念によって補充される先行概念で始まるということでもある。(59)

したがってガダマーは、理解がどのように行われるかをより精確に記述し、意味の発見、そして意味の産出としての理解をさらに厳密に記述する。意味の投企は修正されねばならず、より適切な意味‐投企に席を譲らねばならない。どのようにテキストを理解すべきかに関するさまざまな可能性が示されうるだろう。われわれは先行見解や先行概念をより適切なものによって置き換えなければならない。「理解と解釈の意味運動を構成する恒常的な新‐投企」が問題なのである。

「事実・事柄に適切な正しい投企を仕上げることは、投企としては先取り的なものであり、「事実・事柄に即して」はじめて確認されるべきものだが、そのような仕上げが理解の絶え間ない課題となる。(60)」

したがって理解は、たとえば、あるテキストの意味を高めることを追い求める。重要なのは、ガダマーが意味‐理解を「事実・事柄に即して（an den Sachen）」固定するということである。したがって、それは勝手気ままな空想ではない。あるテキストに関連して言えば、われわれはテキストについて、著者が何を意図しているか、どんな事実・事柄が言われているかを知らねばならない。

しかし、もう一度言うなら、「意味」とは何か。たしかに、それは把握するのが最も困難な概念の一つである。さまざまな具体例でその概念に近づくよう試みよう。同様にガダマーが定式化している陳述を取り上げてみよう。

「ある語の意義は、まさに体系や文脈だけにあるのみならず、この文脈に止まっていること（In-einem-Kon-text-Stehen）が同時に意味しているのは、連関がそのつどの意味を明白にするとき、語の意義は語それ自体がもっている多義性から完全には分離されないということである。(61)」

ここでガダマーは何を言おうとしているのだろうか。この文の内容を理解するためには、おそらく何度か読まなければならないだろう。この文を意味の歩調（Sinn-Schritte）に分割することによって、われわれの理解は促進されるだろう。

「ある語の意義は、まさに体系や
文脈だけにあるのみならず、この文脈に止まっていることが
同時に意味しているのは、連関がそのつどの意味を
明白にするとき、語の意義は語それ自体がもっている多義性から
完全には分離されないということである」

こうすれば——そうあってほしいが——、ガダマーが言おうと欲していることを理解する助けになるだろう。語の意義は、その連関から生じる。しかしにもかかわらず、語そのものの多義性は持続している。要約すると、ガダマーの文の意味において独自の語句になる。文の全体の意味は、意味の進行の分節とともに明らかにされる。しかしながら決定的なのは、文の意味が意味の諸部分の合計から成り立つ、という誤りにわれわれが陥ったり、そう思い込んだりしないことである。暗示された意味の進行は、われわれを助けて文の意味を把握させるだけである。というのも、意味はここではつねに全体であるからだ。語の多義性は、その文脈に対しても持続している。

語の意味とテキストの意味の連関を対置的に捉えることは、サルトルが代表して述べているように見える。

「読者は、同時に暴露して創り出す意識、つまり、創り出すことにおいて暴露し、暴露することで創り出す意識をもっている。読むことは機械的な過程であると実際に信じるべきではないし、また写真板が光によっ

て印刷されるのと同じように、読むことが文字によって印象づけられると信じるべきではないだろう。読者がぼんやりしていたり、疲れていたり、愚かであったり、あるいは軽薄であったりするならば、読者から大部分の関係は消え去ってしまう。［…］もし読者が自らを確固として手中に収めているならば、かれは、もろもろの語を越えて、総合的な形式を予感するだろう。その際、それぞれの文は部分的機能に過ぎず、その部分的機能とは「テーマ」であり、「材料」であり、「意味」であるのだが。だから意味は差し当たって諸々の語に存するのではない。反対に意味こそがはじめて、それぞれの語の意義を把握できるようにする。(62)」

サルトルはしたがって、テキスト全体、つまり「綜合的な形式」における主導的な意味を洞察している。語は、その意義を、はじめはテキストの「テーマ」、意味の全体から受け取る。それゆえ、サルトルはここで、意味ははじめ諸々の語のなかにはないと言っているのだ。しかし、サルトルは語に独自の意味を認めている。サルトルがここで、語の意義に対してテキスト全体に帰している意義とは別に興味深いのは、サルトルが、暴露すると同時に創り出す読者にどのような創造的役割を帰しているのかである。読むということは、まさにけっして機械的で受動的な過程なのではない。読むことは、同時に創造的である。理解することと解釈することは、同じ全体に属して、たがいに関係をもつ。

もう一つの具体例も、サルトルに関わるものだ。ゲイリー・コックス（Gary Cox, 1964–）は、サルトルの伝記作家としてのかれの立場について述べている。

「たしかにこの伝記は、わたしがサルトルについて考えていることのすべてである。とにかく、それは肯定・

否定の相半ばするものだ。サルトルの生についてより見聞を深め、この伝記を執筆しているあいだ、わたしのサルトル観はつねに変化した。もし本の全体を冒頭からもう一度書くとしたら、疑いなく、サルトルへの見方は一層変化するだろう。さらなる反省は、たしかに、何か別の伝記をもたらすことだろう。[…]いかなる伝記も、生を貫き通す試みであり、さらなる段階の解釈を生み出す試みであり、別の解釈によって貫き通されることを欲する試みでもある。(63)」

著者はここで、サルトルの人物像や生涯を適切に描き出す努力——それは著者には完全にうまくはいかないかもしれないという見方とともに——について記している。サルトルの人物像と作品像は、ここではないいい、意味をなすものであり、叙述されるべきものである。しかし、とりわけ短いテキストが問題なのではなく、多層的な人物の生が問題なので、結果は開放的で多義的となる。

しかしながらガダマーは、テキストの意味はつねに著者を越えてゆく、ということをまさに際立たせている。

「あるテキストの意味は、偶然にというだけでなくいつでも、その著者を越える。それゆえ理解とは、けっしてただの再生的行為ではなく、つねに創造的行為である。[…]実のところ理解は、より明瞭な諸概念によって即事・即物的によりよく知るという意味でよりよく理解するということではないし、また意識されたものが生産の無意識的なものに対してもつ原則的な優位性という意味でよりよく理解するということでもない。ひとは、そもそも理解するとき、いつも違った仕方で理解すると言えば、十分である。(64)」

あるテキストの意味が著者を越えているとき、著者は意味にだけ関与していると言える。意味はテキストによって表現される。しかし、理解すること——それはサルトルが言うように「読むこと」であるが——は、創造的である。理解することは、著者を越えて、意味の把握や定式化に創造的に寄与する。したがって理解すること、あるいは「読むこと」は著者の意図を再現するだけではない。理解することは、同時に解釈することなのである。この過程において、著者が言おうと欲し、言うことができた以上に、いわばよりよいものとなり——もっとうまく言うと——いつもとは違った結果になるのだ。なぜそうなるかの根拠は、著者と解釈者がそれによって方向づけられる「事実・事柄」にあるのである。

さて意味とは何であろうか。意味とは、語、文、テキストとともに言われるものであり、話者ないし記述者がそれらでもって意図するものである。われわれはある本について、その本が「メッセージ（Botschaft）」を伝えようと欲していることを語る。それは、本が一つの「陳述」を述べているというイメージとか、そのイメージが何かを「伝え」ようと欲しているフィルムについても語られる。

このような記述とともに、「意味」という概念の一般的意義は示される。しかしながら、この概念はそれとは違ったものにし、精密化することができるし、またそうしなければならない。われわれは意味をなすもの（das Sinnhaften）と有意義なもの（das Sinnvollen）とを区別することができる。この区別を、ある具体例で明瞭化するよう試みてみよう。このために、コックスがサルトルの伝記について反省をめぐらせている、短いテキストのエッセンスを取り上げてみよう。それを読む際にわれわれが理解することは、さまざまな次元に存している。もっとも単純な次元は、語のもろもろの意義を構成するものだ。われわれが知るのは、「伝記」とともに意図されるものであり、もろもろの「解釈」である。どのように「再解釈」を理解しなければならないかを、われわれは追体験することができる。伝記は調査された人物の本質について最終の結果に至ることができるわけではないが、著者は自らの思想を提示しているのである。われわれは、この思想の意味を理解し、それゆえに、たとえば「さらなる反省は、たしかに、何か別の伝記をもたらすことだろう」といった文の意味を理解する。したがって、われわれが際立たせる意味の観点は、一層複雑になる。われわれは著者の議論（Argument）に従うよう試みるが、その意味は、サルトルの生に継続的に従事するならば「より広範な解釈」が生み出されるであろう、という点にある。このような短いテキストの部分の意味は、ある人物の生を適切に叙述することの困難さを示すことにある。このケースでは、このことを完全に理解するために、したがってテキストの意味を完全に把握することができるためには、われわれはコックスの本を読まなければならない。そしてまた別のサルトル伝――たとえばレヴィ（Benny Lévy, 1945–2003）の伝記(65)――と比較しなければならない。

そこで何が理解されるのかと言えば、語義、文、テキスト全体、議論のうちの意味をなすものである。われわれは、この意味をなすものをコミュニケーション的な意味、つまり通知される意味として、語、文、テキストの通知において陳述される意味と見なす。これは、解釈学的に解釈され、釈義され、しばしば制作されもする意味なのである。解釈学は、意味をなすものに関わり合うのである。

ここで気づかなければならないのは、この意味をなすものは文法的な規則通りに論じ尽くされるものではない、ということである。それはつまり、文や文の結合が文法的かつ論理的に正しいということで十分ではない、ということだ。なぜなら、文法的には正当であっても事実の事柄に即すならばナンセンスなこと（Unsinniges）を述べている場合もありうるからである。「太陽が地球の周りを回る」のように。言葉を変えて言えば、言語的に「意味をなすもの」は「事実・事柄への適合性（Sachangemessenheit）」を疎かにしてはならないのである。

ここでは「意味」のさらなる意義がはたらき始めている。文やテキストが、扱われている事実・事柄に適切であるならば、それは「意味がある」と見なされる。文が事実・事柄に逆らうとき、それはナンセンスと見なされる。解釈学は事実・事柄への適合性に注意を払わねばならない。しかし、事実・事柄を解明することが解釈学の中心的な仕事なのではない。（太陽が地球の周りを回っているかそうでないかは、解釈学的には解明されえない。科学的な調査結果について言語的に定式化することは、とてもよく解釈学的に解明されうるが）。

「有意義なもの」として特徴づけられるものは、サルトルの伝記に関するわれわれの具体例では、この有意義なものを越え出る観点に関わっている。そこで問題となるのが、伝記の「有意義な」陳述である。しかし、サルトルの生、とりわけ、かれの作品がわれわれに語りかけうるもの、それがわれわれに意味しているもの、そしてわれわれがかれの作品をどのように判断するかは、われわれ独自の実存に到達している。われわれにとって、それは「有意義に」なったり――あるいはそうでもなかったりする。

「意味をなすもの」を越え出る「有意義なもの」とは何かを問うにあたっては、さらに単純な具体例がある。わたしは、きみが路面電車の代わりに車で行こうとしていることを理解する。しかしそれは、コストや環境の負担の観点からは有意義だろうか。あるいは、買い物を忘れないために、買い物リストを作ることは有意義である。したがってここでは、目的を達成するにあたっての、行為の意味が問題となっている。決断や行為が広くわれわれの生に、また究極的にわれわれの生全体に関わるとき、そして——サルトルの全作品の意義への問いと同じように——もっと広い意味で生の意味が問題となるとき、有意義なものへの問いが湧き出てくるのである。われわれは、このことを一般に実存的意味と見なすことができる。この際に問題となる「事実・事柄」は、われわれの生であり、われわれの実存である。

「意味をなすもの」と「有意義なもの」との間に定住し、そして両者に属する広範な領域が存在する。われわれは、それを「作品の意味」と名づける。それは、とりわけ芸術、文学、音楽に属している。「意味をなすもの」や「有意義なもの」は、そのような領域の作品に集まってくる。「意味をなすもの」や「有意義なもの」は一方では、解釈学的な意味において、またその言語的、文法的、即事・即物的連関への眼差しのなかで解釈されることができ、また解釈されねばならない。しかし同時に、「意味をなすもの」や「有意義なもの」は「テキスト」の意義に及び、語られた事柄を超えて、そしてわれわれの実存のなかに達する。ガダマーは解釈学の問いを展開させるために、『真理と方法』で芸術に長い章を捧げている。文学は解釈学の古典的なフィールドであるが、音楽もまた「即事・即物的に」考察され解釈される限り、「意味をなす」側面を有しており、音楽が表現や叙述の手段となるところでは「有意義で」実存的な側面を有している。[66]

解釈学の枠組みにおいて重要な「意味」という概念を細分化して、われわれは一つの図式にまとめてみよう（**図表17**）。

われわれは理解することを、解釈学的連関において何かをその意味において把握することとして規定することができる。見てきたように、この意味は——ある語の意義から生の意味に至るまで——さまざまな

<table>
<tr><td rowspan="6">コミュニケーション的
解釈学的意味：
「意味のあるもの」</td><td>語の意義</td><td rowspan="5">事実・事柄への
適合性</td></tr>
<tr><td>「思想」の意味</td></tr>
<tr><td>文の意味</td></tr>
<tr><td>「論拠」の意味</td></tr>
<tr><td>テキストの意味</td></tr>
<tr><td>作品の意味
（芸術，文学，音楽）</td><td rowspan="3">実存的意味：
「有意義」</td></tr>
<tr><td rowspan="2"></td><td>行為の意味，目的</td></tr>
<tr><td>生の意味</td></tr>
</table>

図表 17　意味の概念

次元に属している。

ある語の「意義」について、その「意味」についてより適切に語ろうと思うので、意味と意義の区別とともに重要であるものについてなお一層の解明が必要である。これは、もっとも単純に、交通標識の例で示される。赤い縁で囲まれた白くて丸い円は何ごとかを、つまり、この通りが乗り物を通行止めにしていることを「意味している」。それゆえ、各々の道路標識はその「意味」を示している。このことは自らを越えて指示している。この道路標識は、その「意義」をもっている。しかし、これはそれ自身を越えて、道路には病院があるから静かにしてもらわねばならないということも示している。各々の道路標識は、道路の流れを規制したり、交通によって出会うことになる共同生活に安全性を付与したりする上位の意味とともに、その特殊な意味をもっている。われわれが公共の建物におけるドアに見る標識は、別の具体例として役立つ。標識はわれわれに出口を示す意義をもっており、またさらなる意味、つまりただちに確実な非常口を示す意義をもっている。また、そのような記号はわれわれが部屋から出るのを容易にし、建物の危険からわれわれを救うという意味を指し示している。

この種の記号や象徴は数限りなくある。道路標識、案内標識版、ピクトグラム〔国際的に通用する絵文字〕などである。たとえば速度制限の標識において、意義と意味との区別が存在することに、われわれはまったく明瞭に気づくにちがいない。そこでの「意義」は——たとえば「最高時速毎時一二〇キロ」のように——完全に万人によって理解される。しかしその「意味」、つまり、より大きな安全性とかより多くの環境保護が多くの人々によって——ドイツ人の場合でも喜んで——受け入れられるとは限らない。こうした連関において「ある語の意義」について熟考することが有益であるように思われる。われわれはある語の意義について語るが、しかしながら、「意義」はここで、象徴や記号の「意義」とは何か別のものを意味している。後者の意義は明瞭に定義される。すなわち、交通記号は一義的である。しかし、語のほうは非常に多義的である。では、「パン」や「木」[67]といったわれわれの例を考えてみよう。

特殊な記号は、自然科学的象徴や数学的象徴とともに提示される。認識と自然法則は、公式において象徴的に——たとえば $e = mxc^2$ のように——まとめられる。その意義は、たしかに語の場合よりも詳細に定式化されうる。エネルギーは質量と光速の二乗からなる産物に対応している。しかし、そこでは「意味」、つまり目的や実存的意味は認識されうるだろうか。自然科学的象徴や定式にその意味について問うてみても、われわれは何の答えも得られない。たしかに、合法則的な態度を自然のなかで確立し、ふさわしい自然法則（しばしば数学的な法則）を定式化することはできるが、しかし自然法則の内容は、われわれの「理解しようとする意欲」（Verstehen-Wollen）に回答を与えはしない。つまり、回答はその際、つぎのように繰り返される。そこでは何も「意図」されていないし、また意味が理解されるにも及ばないし、事実そういうわけなのだ、と。この観察は、自然科学と精神科学の区別への示唆を与えてくれる。

	具体例		
象徴 記号 定式	「*EXIT*」	「*120*」	$e = mxc^2$
↓	↓	↓	↓
意義	通常の出口／非常口	最高速度 120 キロメートル	「エネルギーは質量と光速の二乗からなる産物に対応する」
↓	↓	↓	↓
意味（目的）	建物から退去する際の助け，危険の際の救助	安全さの増加，環境保護	？

図表 18　象徴－意義－意味

われわれは象徴、意義および意味の連関を大局的にまとめることができる（図表18）。ここでは、「意義」と「意味」の間の差異が重要である。[68]

3　「内なる言葉」

解釈学において問題なのは理解であり、しかも意味の理解である。理解されるものは、言葉として目の前にあり、言語で把握されうる。その際、言語には何が入り込んでいるのだろうか。あるいは問いを変えるならば、何が言語に先行しているのだろうか。何が言語の前にあるのか。それぞれの言語が語っているものは何ごとかであり、現実であり、事実・事柄である。言語は、われわれが――暗黙に――現実に向けている問いへの答えを与えてくれる。問うことと答えることとは、思考として生じる。思考は言語に先行して、あるいは言語なしに存在するのか。思考が定式化されて表現される限り、たしかにそのようなことはない。なぜなら「われわれ人間にとって、この言語性という要素なしに思惟は存在しない[69]」からである。シュライアーマッハーによれば、思考は内的に物語ること（ein inneres Sprechen）である。「いかなる語りも、先行する思考に基づく[70]」。しかし、思考に先立って、そして言語に先立って、われわれは何かを受け取ることができる。その何かとは、「内なる言葉」として哲学的反省に入り込んでいるものである。グロンダン（Jean Grondin, 1955–〔カナダの哲学者。カント、ガダマー、ハイデガー思想の研究家〕）はそこで、一つの誤解に対して警告している。すなわち、「内なる言葉」で、「言語表現に先立ってすでに確定している私的ないし心理的な背後の世界（Hinterwelt）が意図されているわけではない。内なる言葉とは、言い表される言語において、意見を述べようと試みることである。表明された言語は、そのようなものとして聞くべき奮闘努力の保管品（Depositum）である[71]」。

「内なる言葉」は、事実・事柄や真理、しかしまたわれわれの問いが、ある一定の形態を受け取ることなしに入り込むものと考えられる。そこから、われわれの思考が刺激され、われわれの言語が形づくられる。「内なる言葉」を記述することは、われわれの表象を支援する埋め合わせ（Behelf）である。「内なる言葉」により詳細に立ち入って、その解釈学に対する意義をありありと思い浮かべる前に、いま言及してきた問いと連関を、つぎの小さな図で明らかにしておこう（**図表19**）。

「内なる言葉」は、ガダマーの解釈学で中心的な役割を演じている[72]。『真理と方法』のそれにあてられた章で、一つの議論がなされているのだ。ここでは詳細に入り込むことなしに、その議論への注意を示しておく[73]。ガダマーは、とりわけアウグスティヌス（Aurelius Augustinus, 354–430）を引き合いに出している。ある神学的な意図のもとに「内なる言葉」と「外なる言葉」が区別されている。われわれは、われわれの

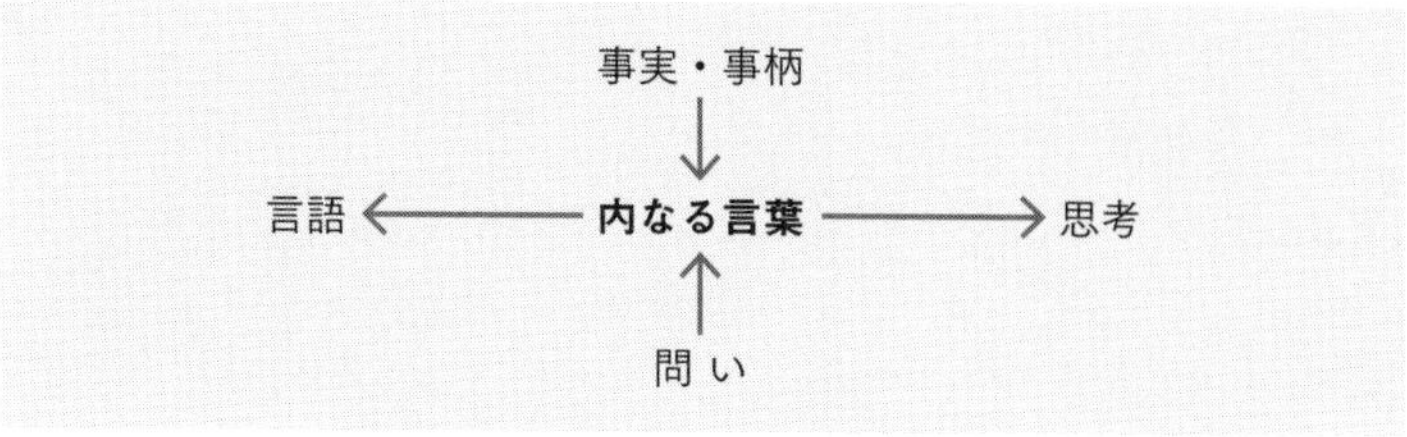

図表 19　内なる言葉

連関に対してこの神学的な意図をおろそかにすることがありうる。[74]しかし、アウグスティヌスがそのような区別とともに、解釈学的に理解することや解釈することへの指示を与えていることは意義深い。なぜなら、理解することと解釈することは意味を把握しようと試みているのだが、その意味はテキストのうちに、言語での定式化のうちに現れ、「内なる言葉」や事実・事柄によって語られる思考を参照させようとするものだからだ。

テキスト　↓言語　↓意義　↓思惟　↓内なる言葉

アウグスティヌスは、「内なる言葉」と「外なる言葉」を区別する。われわれは「内なる言葉」を「心の言葉（Sprache des Herzens）」として語る。

「本来語ることと思惟することは内的なものであり、心の言葉である。［…］この内なる言葉はまだ感官的ないし質量的形式を有さない。それは純粋に知的あるいは普遍的である。すなわち、それはまだ一定の、感官的ないし歴史的言語の形態を取っていない。[75]」

「心の口（Mund des Herzens）」が語る「内なる言葉」は、口に出して語られ、陳述される。それは「身体の口（Mund des Leibes）」、「肉体の口（Mund des Fleisches）」によって生じるのであり、したがって、われわれが聴き取りつつ語り、表明することによって生じるのである。アウグスティヌスはつぎのように言う。

「したがって外で響き渡る語は、内で光り輝く語の記号であり、語という標識はより大きな正当性をもってその記号に帰属する。なぜなら、肉体の口によって述べられたものは、語の音・響き（Laut）であるからである。[76]」

われわれが語り、書くとき、われわれは内容や事実・事柄、「内なる言葉」で思惟されたものを参照するように表明する。このことは、完全性の喪失のもとで生じる。「なぜなら、語りにおいては、陳述されるべきものの研磨面（Facette）や観点のみがつねに現れるからであり、事実・事柄のすべてや完全な事態が現れるのではないからである。しかし、われわれが心のなかで語る内なる言葉は、そんなふうに、われわれが知っている対象によって形づくられた思想なのだ[77]」。

「肉体の口」は「語の音・響き」を語る。われわれは語られたもの、記述されたもの、言語的な表現を聞き取る。しかしそれは、「内なる言葉」の背後に――事実・事柄の背後に――留まっている。このことは解釈学に対する「内なる言葉」の意味を示している。われわれが語りにおいて聞き、テキストにおいて読むものは、語り手や著者が言おうと欲している何かを参照させる。われわれは、その「何か」を理解しようと試みる。

「なぜなら、それぞれの言語には二重の関連、つまり一つは事実・事柄、思惟されたもの、内容への関連であり、もう一つは語られたもの、文字ないし表現への関連が属しているからである。アウグスティヌスの内なる言葉と外なる言葉の区別が言語の二重構造への解釈学的な根本見解の基礎になっている。この二重構造を真剣に捉えるならば、理解することの理解と同様、理解されたものの伝達が解釈学に属することになる。(78)」

したがって、ここでヨイステン(Kalen Joisten, 1962–)は解釈学の二つの観点を示している。すなわち、「理解することの理解」とは、理解 - 過程についての反省である。他方は、解釈や釈義の解釈学的な活動である。われわれはアウグスティヌスにおける「内なる言葉」の理解とヨイステンにおけるその叙述を拠り所として、思想の歩みを図式にまとめよう(図表20)。(79)

内なる言葉とともに、われわれは解釈学の理解へさらに接近することができる。なぜなら、語られた語や書かれたテキストは、意図された事実・事柄の背後に留まっているからである。「内なる言葉」と比べれば、「語の音・響き」には不完全性があることが証明されるのだが、このような不完全性を示そうと試みること、そしてそれにもかかわらず理解することを可能にする試みとして、解釈学は理解されうるのである。

「いかなる語も、内なる言葉を完全に汲み尽くすことはできない。このような内なる言葉は、われわれがつねにつっかえながら話す(herausstammeln)よう試みているものである。しかしわれわれはたいてい、もっとも通用していて、月並みな型通りの了解の定式に陥っている。その定式は、しばしばほぼ幻のよう

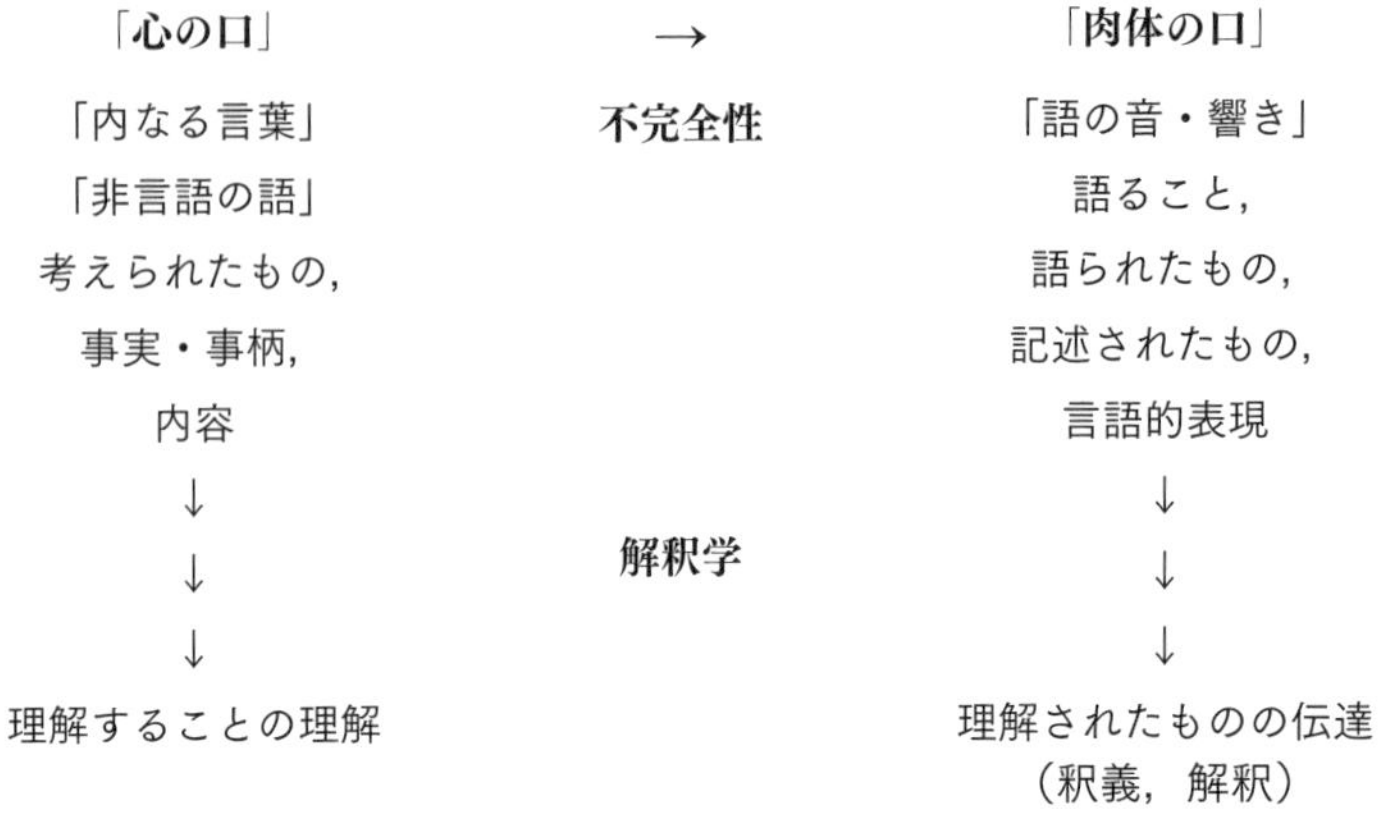

図表20　アウグスティヌス：「内なる言葉」

なものに過ぎないのであるが。〔…〕この「内なる言葉」は言語の此岸にあるのでも彼岸にあるのでもなく、言語のなかにあるのであって、その「内なる言葉」が、いわば言語〔そのもの〕なのである。言語は、おしゃべりや語られたものを超えて、たえず言語〔そのもの〕を探求しており、言語の軌跡が言語〔そのもの〕なのである。言語の限界はこの点に存するのであり、解釈学に対する言語性の普遍性も同じくこの点に存する。この言語性の普遍性とは、表明されたものと内なる言葉との間の緊張を思惟しようと試みるものである[80]」。

語られたものは、「その背後で待ち構えている内なる言葉を追体験するときにのみ理解されうる[81]」。そこで語られたもの、そして記述されたものは、通例は直接理解されえない。われわれは表明されたものと理解の非完全性をうまく扱わなければならない。われわれは言語活動と関わらなければならない。語られたものと書かれたものは事実・事柄を構成するもののすべてを述べているわけではない。そして、われわれの理解は、意図されたものとは別の何かが語られることによって、語られたものの背後に留まっている。解釈学の仕事は、このことを解明し、事実・事柄に限りなく近づくことと特徴づけられる。「内なる言葉」に対する「外なる言葉」の非完全性は、解釈学における理解－意欲ならびに解釈することの根拠を構成する。外なる言葉は事実・事柄を不完全に語り、事実・事柄のパースペクティヴのみを示し、事実・事柄の要件の背後で言語上留まっている。トマス・アクィナス（Thomas Aquinas, ca. 1225–1274）を解釈しつつ、ガダマーはつぎのように確認する。すなわち人間の言葉は本質的に不完全である、と。

「人間の精神が完全な自己を現存させるのではなく、あれやこれやの思念に分散されるということが、人間の精神の不完全性である。この本質的な不完全性から、人間の言葉は［…］必然的に多くならざるをえないということが生じる。したがって言葉の多様性は、個々の言葉が不足していることをけっして意味していない。精神が意図するものを完全に語るのではなく、われわれの知性が不完全である、すなわち、知性自らが知っているものにおいて現に完全ではないゆえに、言葉の多様性が要求されるのであるが、そのような限りにおいて上記の欠陥は除去することができるであろう。[82]」

したがって、「言葉の多様性」は事実・事柄をただ不正確に、およそ名づけるものであって、それゆえさらに理解できるようになるために事実・事柄に釈義が要求されるのである。このような釈義による接近は、とりわけ会話（Gespräch）において生じる。会話はその根拠を「言葉の変更しえない応答的性格」にもっている。なぜなら、陳述される言葉は問いを頼りにしているからである。言葉とは問いと答えを行ったり来たりすることである。[83] それゆえに、会話は解釈者とテキストの間の対話であり、「言葉の多様性」

から生じる対話であり、理解することに共同で尽力する対話でもある。ガダマーは、つぎのように確認している。

「会話は意思疎通の過程である。それゆえ、それぞれの真正な会話に属しているのは、他者に立ち入り、自らの視点を現実に妥当ならしめ、そして他者をたしかに個性として理解しようとするのではないにしても、他者が語るものを理解しようとする限り、他者の身になって考えているのである。把握する必要があるのは、われわれが事実・事柄において互いに一つになることができるような、他者の意見の即事的な正当性である。したがって、われわれは他者の意見をその人自身にではなく、自己の意見や思い込みに関連づけるのである。[84]」

事実・事柄により一層近づくために、われわれは会話において事実・事柄への陳述を問いに付す。事実・事柄の統一と外なる言葉の形式の多様性は「完全に弁証法的な関係をもっている。この関係の弁証法は言葉の本質全体を支配している[85]」。ここでは、「弁証法」は対話の精神的な動きを意味している。一つの事実・事柄がそれによって名づけられる言葉の多様性は（解釈学的な）解釈を必要とし、その解釈は対話として——テキストとの対話として、他者との対話として——遂行される。

われわれは「言葉の多様性」の具体例を、解釈学というわれわれのテーマとともに考察する。二五〇〇年以来、思想家は理解と解釈という現象をさらに理解するよう尽力してきた——後出の図表「解釈学者」（**図表28**）を見られたい——。それぞれの解釈学者たちは他の観点を照らし出したり、まったく新しい立

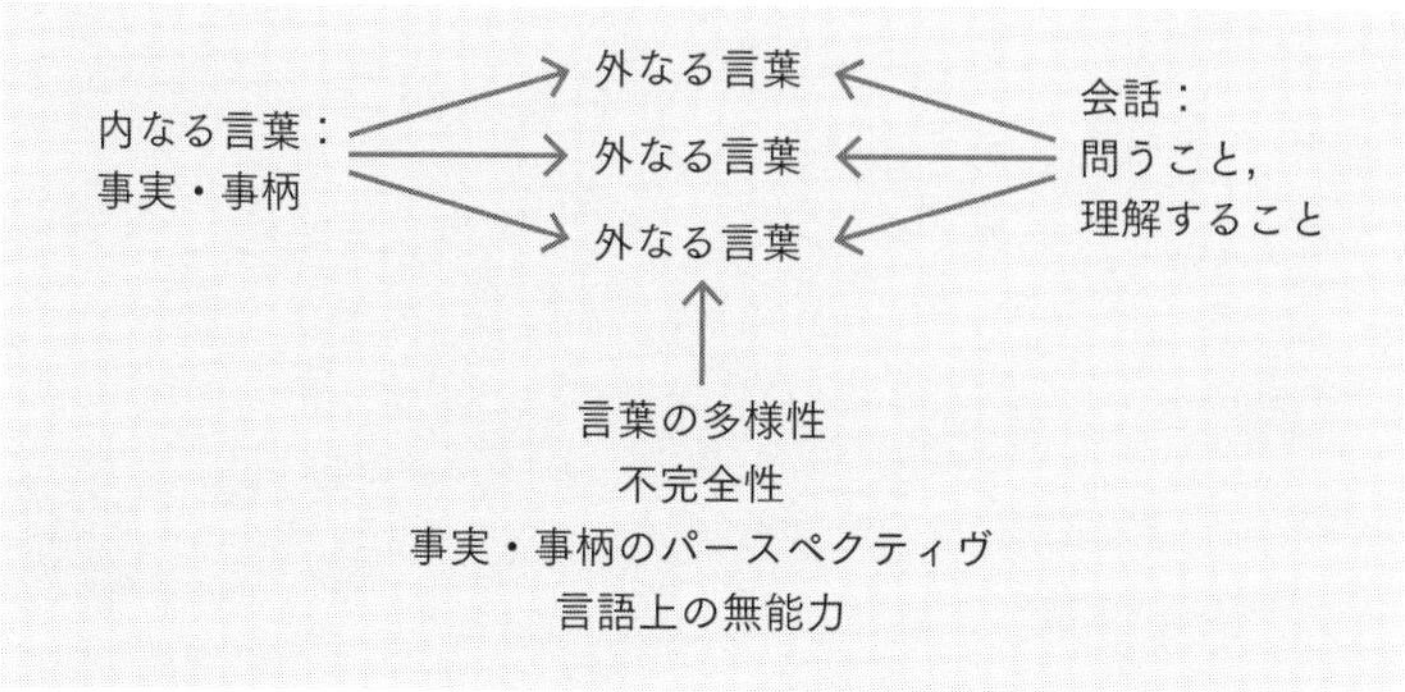

図表21　内なる言葉－会話

場を取ったりしている。同一のことが、たとえば解釈学に関する文献リストにも反映している。解釈学を描写するというこの本の試みもまた、相異なる接近の道を辿ることになる。一方では、始点と立場のこのような違いは「解釈学」という事実・事柄と関わり合っており、それはさまざまに叙述されうるし、叙述されなければならない。他方、その区別は、これらの事実・事柄は静止しているのではなく、過程のなかにあることによっても生じる。もしそうでないとしたら、必要なのは、いわば解釈学とは何かを完全に確定してくれる一冊の本だけになるだろう。

内なる言葉と外なる言葉に対する会話の役割を図解してみよう（図表21）。

4　解釈学の範例としての翻訳

『傲慢の終焉』（Das Ende der Arroganz: Afrika und der Westen – ihre Untersiede verstehen, Frankfurt, 2012. 英語版は End of Arrogance. Africa and the West – Understanding their Differences, Nairobi, 2012）という本を書いたとき、わたしは、はじめドイツ語と英語で公刊する意図を

もっていた。なぜなら、そこではアフリカと西洋との出会いが重要であり、また相互理解が重要だからである。両方の側面が達成されるべきだった。[86] テキストをはじめ英語で書いたとき、それはより簡単だろうと思っていた。ドイツ語への翻訳はより容易なはずだ。そう、わたしは思っていた。その後翻訳は、たいてい実際にも、まったくよどみなく経過した。しかしわたしは繰り返し、翻訳が行われる場所にやってくることになった。わたしは英語で語ったことを当然知っていた。わたしの内容理解は、わたしには完全に明白であり、その理解は、やはりわたしの理解であった。しかし——立ち止まってみると、わたしはどのようにドイツ語で語るべきであったかを知らなかった。わたしには正しい言葉で表現すること（Formulierung）が欠けていたことを理解した。ある言語を他の言語に翻訳することにおいて生じるものは、わたしにとって一つの経験である。翻訳の際の「書き換え（Übertragen）」とは何か。わたしは自分が言おうと欲するもの、言わねばならないものを知っており、適切な言語を手に入れようと新たに努力している。この経験は「内なる言葉」への指示を与えるだろうか。内なる言葉は——ある言語ではそうであっても、別の言語では独自のやり方で語られねばならないのだろうか。

同一のテキストのさまざまな翻訳を比較すると、それぞれの翻訳はそのやり方において「正しく」、けっして絶対に「誤って」いるわけではないことをわれわれは確認する。それぞれの翻訳は、もとのテキストに接近することを意味している。たとえば、シェイクスピア（William Shakespeare, 1564–1616）の新しい翻訳が存在する。なぜわれわれはもはや、アウグスト・ヴィルヘルム・フォン・シュレーゲル（August Wilhelm von Schlegel, 1767–1845〔ドイツの評論家。シェイクスピアの翻訳家〕）やルードヴィッヒ・ティーク（Ludwig Tieck, 1773–1853〔ドイツの詩人〕）の良い翻訳で満足しないのだろうか。なぜ言語の「現代化」が必要とされるのだろうか。どのような翻訳がシェイクスピアをよりよく再現するのだろうか。「より良く」とは何か。どうやら語ることは一対一では再現できない。（英語の）テキストの意味は、（ドイツ語において）さまざまに表現されうるし、表現されねばならない。翻訳の過程では、もとのテキストの意味が多かれ少なかれ変化させられる。何ゆえにそうなのか。その変化は、ドイツ語が「譲り渡す」ものに依存している。というのも、事態がどんな仕方でドイツ語において再現されるかによるからだ。より難しく言えば、ドイツ語におけるどのような事態が英語における事態に対応しているか、ということである。フンボルトが言うように、各言語は明らかに独自の「世界観」を表している。一つの言語は、その言語が語られる世界に属している。言語は、生き生きとした何かとして、世界とともに変化する。しかし、翻訳者も個人的な話者としてさらに加わる。翻訳者はまた、自らの即事的な先行知識や事実・事柄への態度に基づいて、翻訳されたテキストを言葉で表現する。

翻訳をめぐるそのような観察や熟考とともに、われわれは解釈学的な問いの真只中へ動いてゆく。それゆえ、ガダマーがつぎのように語るのはとくに不思議ではない。

「一つの範例が、理解のうちにある緊張を実例を挙げて説明することができるとすれば、それは翻訳という範例である。翻訳において、異質なものは異質なものとして自分のものにされる。しかし、疎遠なものとして放置するか、もしくはその異質性の単なる模写を通じて自国語のなかに構築するのみならず、自国語のうちで過去と現在の地平が理解の本質を構成するような安定した動きのなかで、融合されるのである。[87]」

したがって、翻訳の過程は理解のなかで、解釈学的な解釈のなかで何が起こっているのかを示すのである。言語上の、そしてしばしば内容的な異質さが自国語に連れ込まれる。外国語でないテキストの解釈の場合でも、さしあたっては内容の意味を捉え、解釈において新たな言葉で表現することが圧倒的に重要である。しかし、そのときでさえもまた、言語そのものがしばしば解明されなければならない。語や言い回しは何を意味しているのか。それは明白に歴史的なテキストにも、しかしまた、馴染みのない専門領域に属する同時代のテキストにも当てはまる。歴史的な言語、専門的な特色をもつ言語は、馴染みがあり理解可能な言語へと移されなければならない。ガダマーは「地平融合」について語っている。それは地平、つまり過去と現在の「世界観」のみならず、専門領域の独自性にも関わっている。とりわけ翻訳においては、他の文化の地平も考慮に入れられなくてはならない。なぜなら、外国語は外国文化に属しているからである。外国語が属している文化が疎遠であり、そして隔たっていればいるほど、翻訳の課題は求めるところが多くなる。われわれは時代の隔たりと区別して、文化の隔たりの解釈学的意味を本書の後半で語ることにする[88]。異質なものとして明白に示されるものに、別の時代あるいは馴染みのない専門領域に由来する外国語でないテキストにおいてもまた――おそらく気づかずに――われわれは出会っている。それゆえに、ガダマーはつぎのように確認することができる。

「言語の深淵を克服しなければならない翻訳者の範例は、とりわけ解釈者とテキストとの間で演じられ、会話における意思疎通の交互作用に対応する交互関係を明らかにする。なぜなら、それぞれの翻訳者は解釈者であるからだ。外国語であるということは、解釈学が困難になること、すなわち、疎遠なものとその克服の高度な事例であることを意味している。疎遠なのは、同じく明白に規定された意味において実際に、伝統的解釈学が関与してきたすべての「対象」である。翻訳者の模写的な課題は、各テキストが提出する一般的な解釈学の課題から質的に区別されるのではなく、ただ漸進的にのみ区別される。(89)」

したがって翻訳者は外国語のテキストを解釈しなければならないが、同時に翻訳者は外国語のテキストを別の言語のうちに再現することができる。われわれはまた「翻訳者はみな解釈者である」という文章を逆転させることができる。解釈者はみな翻訳者である、と。解釈者は外国語に翻訳するのではないけれども、やはり解釈者自身やかれの読者が理解する言語に翻訳しなければならない。その際、対象と翻訳者との間の対決と同じように、テキストと解釈者との間で「会話」が生じる。われわれは、すでに「内なる言葉」と「外なる言葉」の連関において、会話の意義に出会っている。陳述と問いによって事実・事柄に近づくことが重要である。会話がそれを得ようと努力している。テキストと解釈者との間の交換は――「解釈学的な会話」では――困難であることが示され、「翻訳」が要求される。われわれは（歴史的な）範例として、カントの著作『啓蒙とは何か』（Was ist Aufklärung?）に由来する以下の文章を取り上げてみよう。

「しかし、機械のこの部分が同時に全公共団体の一員として、そればかりか世界市民社会の一員として見なされる限り、したがって、著作を通して自らの悟性において聴衆に語りかける学者の質において、かれは、一部が受動的な一員として見積もられる仕事を被ることなしに、理路整然と議論することができる。(90)」

このドイツ語の文章は、ほとんど理解できないと認めざるをえない。この文章は事実「翻訳」を必要とする。カントは「機械」や「共通存在」、「世界市民性」、「本来の悟性における観衆」、「仕事」、「受動的な分肢」……でもって何を言おうとしているのだろうか。個々の表現が解明を必要とするのみならず、文章が書かれているすべての文脈が解明を必要としているのである。ここでわれわれにとって、カントの文章の詳細な「翻訳」が問題なのではない。ここで明らかにされるべきは、外国語でないテキストを解釈することは外国語を翻訳することと同じである、ということだ。このことをガダマーは、翻訳は理解のなかで何が生じているのかを範例として明らかにすることができる、というテーゼで語っている。

ガダマーは会話との関連で、そのテーゼを明らかにした。なぜなら、会話では意思疎通のために尽力がなされるのと同じように、翻訳者は書き換えとの妥協において意思疎通に尽力するからだ。会話と翻訳の共通の媒体が言語である。

「だから言語上の過程が、とりわけ有益である。その過程において、翻訳と書き換えを通じて二つの互いに疎遠な言語の会話が可能になる。ここで翻訳者は、会話の相手が生を営んでいる連関へと理解されるべき意味を運んでいかなければならない。それは周知のように、翻訳者が、他者が意図していた意味を偽造してもよいということではない。むしろ意味は保存されたままであるべきである。しかし、翻訳者は新しい言語世界において理解されるべきなので、新たなやり方で新しい言語世界において真価を発揮しなければならない。それゆえによく語られるように、それぞれの翻訳はすでに解釈であり、つねに解釈の遂行であり、翻訳者は解釈に所与の言葉を与えるのである。」(91)

翻訳は二つの異なった言語の間で行われる会話に基づく。しかしそれはまた、いろいろな文化の間で行われる会話でもある。その際、ある言語において表現された意味が、他の言語においても保存されたままであることが必要である。われわれはすでに、このことがかならずしも、どこでもすぐに可能なのではないということを見てきた。その理由は、語られている事実・事情があちこちでかならずしも同じではなく、諸文化は異なるからである。それにもかかわらず、翻訳者は意味を偽造してはいけない。翻訳者は、本来の意味を別の言語において理解させるよう努力しなければならない。それゆえにガダマーは会話と翻訳との連関において、再三「意思疎通」について語っている。さまざまな言語を越えて、事実・事柄の意味を了解し合わなければならない。翻訳者は元々の言語において認識され理解された意義を、別の言語において解釈する。翻訳とは解釈であり――解釈学の仕事である。

「翻訳者は原典・原本（Original）との必然的な距離を苦々しく自覚している。テキストとの交わりは、おのずから会話における意思疎通の努力に役立つ。ただここでの状況は特別に難儀な意思疎通であって、その意思疎通では自分自身の意見とその反対意見との距離は結局止揚できないものとして認識される。そして、そのような止揚できない違いがある会話においては、あれこれと話し合うことによってひょっとすると歩み寄りが成就するものだが、それと同じように、翻訳者もあれこれと吟味し考慮することによって最良の解決を探るであろう。もっとも、それはつねに歩み寄りにすぎないのであるが[92]。」

会話のなかで他者を完全に理解することはありえないのを確認するのと同様、翻訳者は、かれにとって馴染みの事実・事柄を他の言語で適切に語ることの不十分さを経験する。翻訳者は、かれが媒介しようとする事実・事柄を偽造してはいけないし、偽造すべきではない。翻訳者は「事実・事柄を適切に語る」ことのさまざまな可能性を考量し、最も適切な可能性を、歩み寄りのかたちで提供するだろう。もう一度言えば、解決に向けて意思疎通することが、会話における可能性である。

「会話における意思疎通は、会話の相手が疎遠なものと対立的なものを自分自身のうちに喜んで認める気があり、認めようと試みることを含んでいる。対立的なものが生じたり、パートナーが同時に自分の根拠をしっかりもつことによって反対の根拠をともに考量したりするとき、ほとんど気づかれない、無意識的な視点の相互翻案(Wechselübertragung)において[…]共通の言語や共通の格言に最終的に至ることができる。同様に翻訳者は、翻訳しようとする自らの母国語の権利を保持するが、にもかかわらず、テキストのうちなる異質なものやその表現をも通用するようにならしめなければならない[93]。」

ここでガダマーは、単なる知的理解を超え出ている何ものかに呼びかけている。というのも、会話の相手は喜んで意思疎通する準備ができていなければならないと言うからである。この準備ができているということは、理解されないものがあるとしたらそれはいわば自己の責任であることを含みうるし、また含まねばならない、ということだろう。理解されないことは、相手ではなく、自分自身のせいとなる。このことはまた、いずれのテキストの解釈にとっても「解釈学的規則」として妥当する。なぜなら、誤りや非論理的なものをただちにテキストの著者のせいだと偽る者は、かれ自身の理解を妨げているからである。しかし、ガダマーはここで、通常のテキスト解釈には生じないものを登場させている。すなわちそれは、さまざまな視点をともに比較検討し、交換することである。テキストの解釈において、著者は現存しているわけではない。解釈者は変わることのないテキストに依存している。著者が解釈者に追加で説明するわけではないので、テキストに「語らせる」ことが解釈者の責任である。翻訳における意思疎通について類比的にいうならば、母国語の権利を疎かにするのではなく、同時に疎遠なものを通用させる、ということだ。実践においては、たとえば、同一の事実・事柄はさまざまな表現で試みられるように見える。

「ある言語から別の言語へと翻訳されねばならない極端な状況においてさえ、事実・事柄は言語からほとんど切り離すことができない。もっぱらテキストの示す事実・事柄を話題にしている翻訳者は、まさしく模写している。すなわち、自分自身の言語のみならず、原典・原本に適切なものでもある言語を見出す。したがって、翻訳者の状況と解釈者の状況は根本的に同一である。[94]」

ガダマーは繰り返し、事実・事柄への関係、そして一般に問題となっている事実・事柄への関係を強調する。すなわち、翻訳は単なる言語の書き換えの問題ではない。二つの異なる言語において論じられるべき事実・事柄へと定位することは、翻訳されるべき言語がうまく機能しないことを意味している。このことの根拠は、ある言語の基礎になっている経験、そして「世界観」に存する。イヌイット〔カナダ北部およびグリーンランドなどの氷雪地帯に住む先住民族〕は雪に関して四〇の異なる言葉をもっているという。どのようにして、それは他の言語に再現しうるのだろうか。翻訳のもう一つの問題は、それぞれの言語が異なった仕方で「思考する」ことから生じる。外国語を学ぶ者は、語彙のみを学ぶのではなく、特別な文法や言い回しを学ばねばならない。言い回しは、どのように言語が「思考する」のかを示している。(95) それゆえ、ガダマーは解釈者の状況や課題を、翻訳者の状況や課題と同一視するのだ。両者とも、語られている当のものである事実・事柄へと定位されなければならない。何が事実・事柄であるかを知っている者、理解した者は——翻訳し、解釈しつつ——適切な言語を得ようと努力しなければならない。

「代弁者（Dolmetsch）としての訳者が、論じられている事実・事柄に参画することによって会話における意思疎通を可能にするのと同じように、テキストに対する解釈者にとって欠くことのできない前提は、かれがテキストの意味に参画していることである。——したがって、解釈学的な会話について語ることが正当化される。しかしその結果は、解釈学的な会話が現実的な会話と同様に共通の言語を手に入れなければならないということ、そして、この共通の言語を手に入れることは、〔…〕理解と意思疎通そのものの遂行が同時に起こるということなのである。(96)」

ガダマーはここで、翻訳者が事実・事柄に参画する意義と、解釈者がテキストの意味に参画する意義を強調している。われわれは参画することを、アンガージュマン（Engagement）として理解することができる。アンガージュマンは、真面目に会話に参画しようと欲する者から、代償を要求する。一心不乱でないような者は、ともに語ることができない。ガダマーはまさしくここで、「解釈学的な会話」と「現実的な会話」を区別する。居合わせている人物たちの間で生じる現実的な会話は、解釈学的な解釈のうちに生じるものの構造を、先行的に与える。テキストの意味の理解から生じてくる、共通の言語を手に入れることができるのだ。このような理解は、解釈者の個人的見解以上のものである。それは、テキストの著者が聴かれ、「ともに語る」ような「意思疎通」である。「解釈学的な会話」は、テキストの著者と解釈者とに発言させる。

「しかし、このことは、訳者の独自の思想がテキストの意味の再覚醒（Wieder-erweckung）のなかにいつもすでにともに入っているということである。その限りにおいて解釈者の独自の地平は決定的であるが、しかしそれも、しっかりと捉えて離さない、あるいは一貫した独自の立場のようなものではなく、働かせたり危険にさらしたりする見解や可能性、そして、テキストのうちで語られているものを真に習得するよう手助けする見解や可能性のようなものである。われわれはこのこと［…］を、地平融合（Horizontverschmelzung）として記述した。この点にわれわれは、いまや会話の遂行形式を認める。そこでは事実・事柄が表現されているが、それはわたしないしわたしの著者の事実・事柄のみならず、共通の事実・事柄である。(97)」

テキストの解釈は解釈者の積極的な協力を必要とする。解釈者は、問題になっている事実・事柄について理解をもたらさなければならない。解釈者は、その「背景」に対して解釈する。しかし、そのことは独善的でも知ったかぶりでもなく、遊戯的（spielerisch）に生じるのである。それは、テキストが語るものと、解釈者がテキストをいかに理解しているかの間を、行ったり来たりすることである。それは会話におけるように、解釈者が、テキストの著者が意図するように思われるものを「傾聴」するのである。このことによって、論じられている事実・事柄が共通のものになる。解釈学的な会話は、意思疎通に到達する。それはつまり、理解を共有することである。

われわれは、要約してこう記しておくことができよう。つまり、解釈学の範例としての翻訳は、会話におけるのと同様、言語の媒介のなかで生じる。ガダマーは、翻訳・会話・解釈・理解の過程とともに、言語の中心的な意義を記述している。というのも、言語こそは「理解それ自体が遂行される「普遍的媒体」である。理解の遂行様式は解釈である」からである[98]。しかしこのことは、いまや解釈学的理解と解釈とはけっして内容を欠いたファンタジーではないことを意味している。それは言語的な過程として生じる。それは言語性に基づいている。それゆえガダマーは、翻訳することと、会話によって翻訳を明らかにすることを扱う節を「解釈学的経験の媒体としての言語[99]」と題しているのだ。そしてシュライアーマッハーは、このことについて「解釈学において前提されるべきすべてのものは、言語のみである[100]」と語っていたのだった。

5　解釈学的循環

解釈学は、理解の認識様式を示すことに尽力する。理解されるものとは、言語上意味をなすものと、即事・即事態的に意義をもつものとである。言語的なものと、すべての意味-理解に先行するものは、アウグスティヌスとともに「内なる言葉」と名づけられている。ガダマーは、意味-理解が「内なる言葉」に

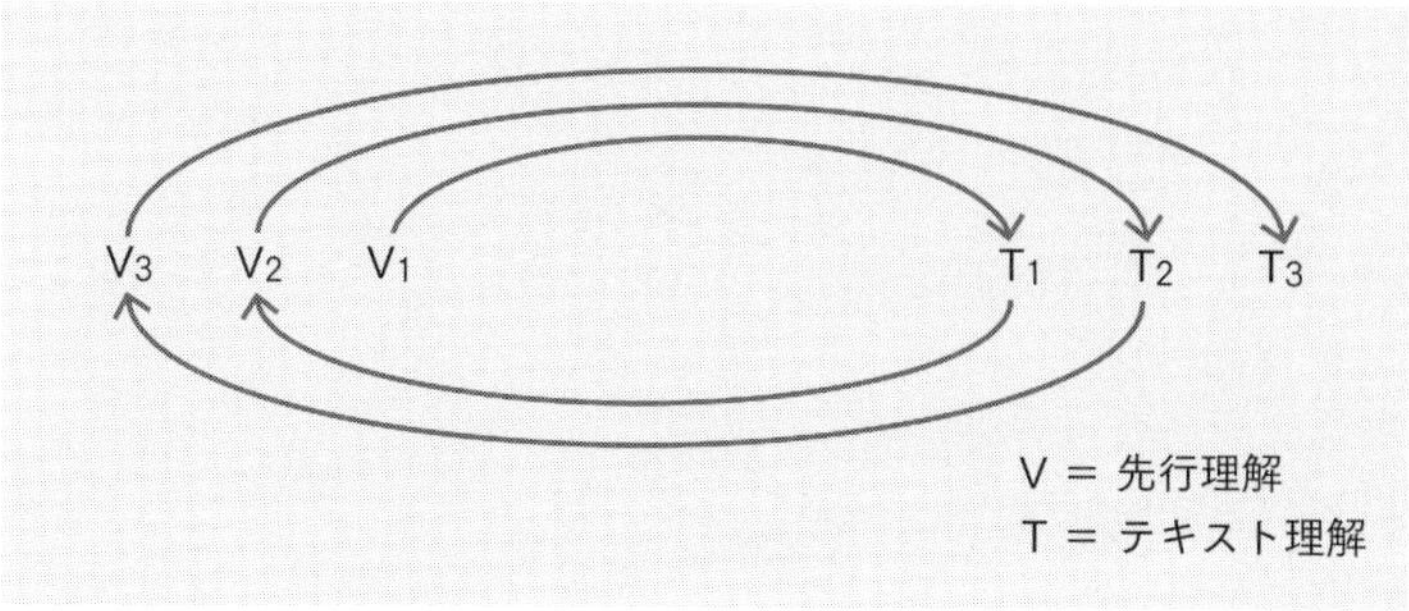

図表 22　循環：先行理解－テキスト

接近する方法、共通のものが語られたものに示される方法を、翻訳と会話を例に説明している。

　理解しつつ接近するこの過程は、発展的な知の積み木（Wissensbaustein）として、いまやごく近くでは「a＋b＋c＋…」のようなものとして生じるのではない。理解することは、けっして連続的で直線的に知の要素を加算していくことではない。それは、あちらこちらへと記述されることであり、知っていることから出発するというよりは、理解したいことやおおまかに理解していることであり、そこから先に進むために、自分自身の予備的な理解に戻り、テキストを、つまり疑わしい事実・事柄を、変化する光のなかで知覚すべく新たに試みることである。この運動は、解釈学的循環として説明され、解釈学的循環は先行理解とテキスト理解との間をあちこち動き回るのである（**図表22**）。

　より厳密に見れば、ここで何が生じているのだろうか。なぜ「循環」について語りうるのだろうか。具体例として、カントの『啓蒙とは何かという問いに対する答え』（Beantwortung der Frage: Was ist Aufklärung）をふたたび取り上げてみよう。われわれがテキストを読む前に、この表題は特定の連想を呼び起こす。「啓蒙《アウフクレールング》」という語は、あらゆる多種多様なことや、違ったことを意味しうる。たとえば、特定のプロセスについての情報を調べて知りたい人がいる。警察は犯罪を解決《アウフクレーレン》する。そして、啓蒙主義と呼ばれる歴史的な時代がある。かのテキストが約二〇〇年前に生きて活動した哲学者カントに由来しているという事実は、われわれの期待をすでに一定の方向に導く。われわれは哲学的な陳述を期待する。カントは啓蒙という語のもとで何を理解しているのだろうか。そしてカントは啓蒙について何を言おうとしたのだろうか。

読み始めるやいなや、われわれの先行理解は、テキストがわれわれに言うことができるもの、言っているにちがいないもの、あるいはもっと正確には、われわれがまずどのようにテキストを理解しているかを比較しなければならない。先行理解とは、いかにわれわれが事実・事柄（この場合は啓蒙）をさしあたって理解しているかを意味している。テキスト理解は、さしあたってカントによって事実・事柄について言われているものを含む。ここで決定的なことはいまや、注意深い読書のなかで啓蒙に関するわれわれの元々の理解が変化し、新しい方向性を手に入れ、おそらく、われわれがさしあたって意図していたものに異議を唱えるようになることである。それはより豊饒となり、新たな問いが提起される。一方ではわれわれの元々の先行理解が、他方では暫定的なテキスト理解が訂正され、拡張され、豊饒にされる。テキスト理解は先行理解を訂正する。変化された先行理解は、よりよいテキスト理解を可能にする。たとえば、わたしはすでにかなり前からガダマーの『真理と方法』を研究し始めていた。そしてこの著作に戻ってくるたびに、新しい観点を発見した。つまりわたしは、ガダマーの解釈学をよりよく、そしてまた別な風に理解しているように思う。同様に、よい小説、内容豊かな映画、よく演じられた戯曲は、わたしがまずはだんだんと理解し始めるような、知覚されざる思想を含んでいる。それは、解釈学的な過程に対して、理解されるべきものはある程度膨張し、伸長し、深みを獲得するが、しかしまた未決定のままであることを意味している。われわれの理解の結果としての最終的な定義は存在しない。少なくとも、カントによる啓蒙は同一であるとは必ずしも言えない。……当然ながら、われわれがテキストと事実・事柄を徹底的に取り扱うとき、われわれはよりよくそしてより適切に理解する。しかしその問いは、答えられないままにとどまるかもしれないし、あるいはつぎのような問い――たとえば、カントの啓蒙理解は今日われわれにとって何を意味しているのか。カントが出発している前提は変化したのか――も初めて生じるのである。

ガダマーは言う、それぞれの理解は理解を異にすること（Anders-Verstehen）である、と。

「テキストの意味はたまたまというわけではなく、いつでもその著者を超過している。それゆえ、理解は、再生産的な行為であるのみならず、つねに創造的な行為でもある。〔…〕ほんとうは理解とは、より明晰な概念によって即事的・即事態的によりよく理解するという意味ではないし、意識した者が無意識な者を越えて生産的であるという根本的な卓越さをもつという意味でよりよく理解することでもない。一般的に理解するときには、理解を異にしていると言えば十分なのである。[101]」

では、循環（Zirkel）についての話はどのようなものだろうか。解釈学理論の重要な代表者であるシュライアーマッハーは、一八二六年の教育学講義の冒頭でつぎのように確認している。「一般に教育で理解されているものは、周知のものとして前提されている[102]」。このことは、馬鹿げて聞こえないだろうか。というのも、講義というものはたしかに、まさしく教育とは何かをはじめて示すべきものだからである。しかし、シュライアーマッハーのコメントは解釈学的な状況を特徴づけている。すべての理解は先行知識や暫定的な理解、先行見解から出発しなければならず、この場合、教育についてのまだ非常に曖昧な概念から出発しなければならないからである。ところで、これは論理的な観点ではパラドックスである。なぜなら、厳密に論理的には、明示すべきもの、証明されるべきものは諸前提のなかに含まれてはならないからだ。しかしながら、解釈学観点においては、存在している知から出発されねばならない。シュライアーマッハーの確認が示しているように、はじめに語られるべきある観点、つまり「教育」が前提されねばならない。このことは、論理学の意味において「循環」と特徴づけられる。しかし、解釈学的には悪循環(circulus vitiosus)や循環推論(Zirkelschluss)は存在しない。なぜなら、解釈学的理解は証明過程ではないからである。

「循環」という概念一般が適切であるかどうかについて、いろいろな意見がありうる。というのも、解釈学的循環はたしかに循環推論として回転しているわけではなく、「解釈学的スパイラル」について語るよう提案されているのである。解釈学的循環は先述のとおり、明示された図表の根底にあるとき、当たり前のものとしてある。シュライアーマッハーが用いる「行ったり来たりする」(Hin-und Hergehen)という記述も思想の動きを適切に表現している。しかしながら、われわれは「解釈学的循環」を――アウグスティヌスにおける「内なる言葉」や天文学における「ブラックホール」と同様に――直観から別なふうに遠ざかってゆくものを象徴化せんとする具象的な試みと見なす。

この解釈学的過程を、行ったり来たりする解釈学的スパイラルあるいは解釈学的循環としていかに記述するかは、二義的なことに思われるかもしれない。決定的なことは実際、われわれが理解しようと努力す

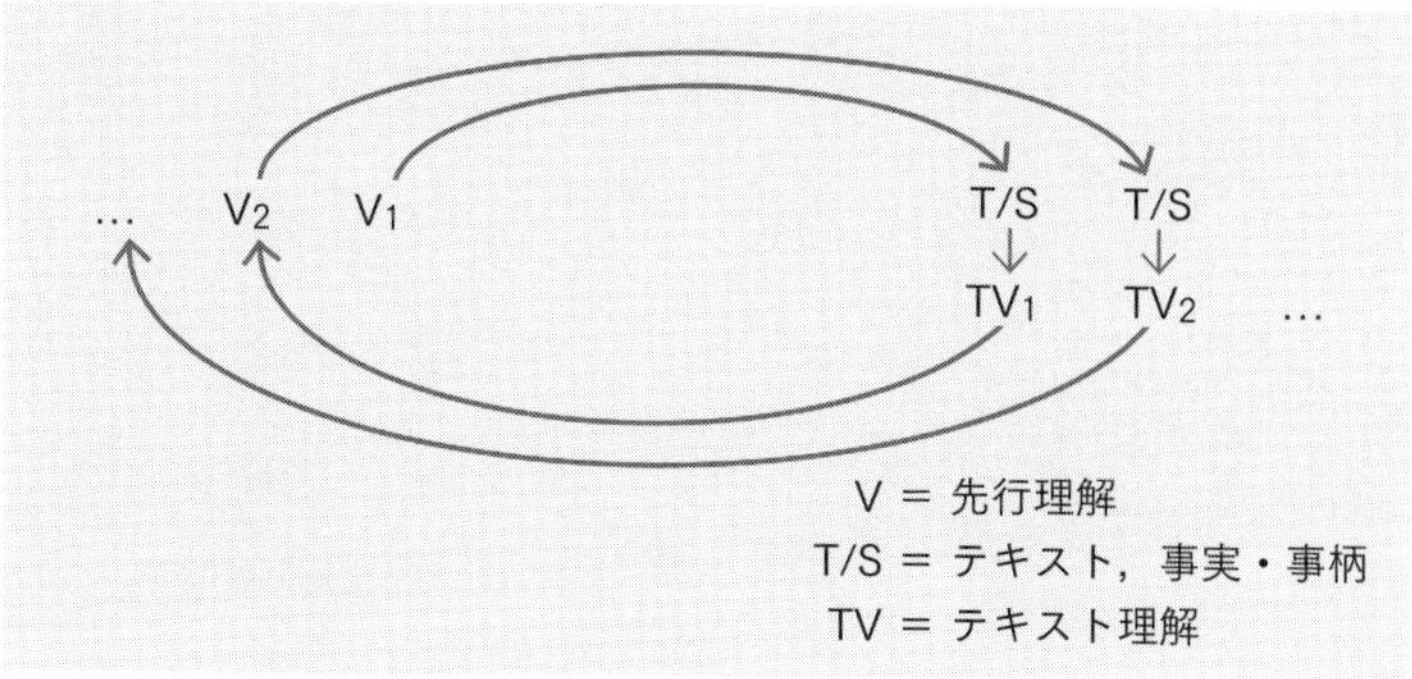

図表 23　循環：先行理解－テキスト－テキスト理解

るとき、たとえばあるテキストを解釈するときに何が生じているか、である。われわれは、問題になっている事実・事柄についてもっている漠然とした知識や見解から出発する。われわれは、著者がそれについて何を叙述しようとしているかを理解しようと欲する。われわれは暫定的な仕方でかれのテキストを理解する。このやり方は、著者の提示する事実・事柄に関する先行理解や私の意見を訂正・変更する。私たちはこの訂正された先行理解と一緒に再びテキストに向かうのである。前述の図表をいささか補充した図表（**図表23**）で、このことを具体的に説明しよう。

この理解のプロセスでは、二つの観察が生じる。すなわち、テキストと叙述された事実・事柄そのものは、わたしの理解（差し当たっての）からの影響を受けていない。わたしの先行理解は誤っているか、部分的あるいはおおよそ妥当でもありうる。わたしは、テキストとテキストに叙述された事実・事柄にいわば頭を悩まさなければならないし、それに可能なかぎり広く近づいていかなければならない。そのように振舞うことが――解釈学的規則の意味において――正当であり、必須なことである。最初わたしは、著者が何を語っているのかを理解したに違いなかった。その後――万一わたしがテキストを真に適切に理解したようなことがあれば——別の問い、すなわち、わたしが著者と同じように事実・事柄を見て評価することができるかどうか、またそう欲するかどうかという問いが現れる。ここでは、われわれはたしかに解釈学の枠組みを踏み越えてしまっている。そこでは、意図されたものを語られたもののなかで理解することが問題である。事実・事柄そのものの討議や評価は別問題である。たしかに、そこではガダマーが「作用史」ないし「時代の隔たり（Zeitabstand）」という語で特徴づけている観点や、われわれが「文化の隔たり」とも名づけうる観点も役割を果たしている。(103) というのも、たとえばある罰が「正当なもの」と見なされうるかどうかは、今日およびこの場所の状況における場合と、歴史的・文化的文脈における場合とでは応答が異なるからである。

われわれは、ふたたび解釈学的循環の「行ったり来たり」に向かうことにしよう。何がこの動きを駆り立てているのか。一方で、そこには解釈者の側に前提条件があり、その後、解釈者による意味期待や、最終的にテキストによって話題になる事実・事柄や、理解されるべき意味そのものがあることになる。

解釈者は、問題になっている事実・事柄についての知識をもたらす。見てきたように、この知識は非常に曖昧であり、著者からもたらされたものに関してすら、誤りうる。しかし、解釈者はいつでも、あるテキスト、理解されるべき事実・事柄への先行理解に接近していく。それは、もはや単なる意見以上のものではないかもしれない。解釈学的過程において重要であるのは、それが先行知識、そしてとりわけ暫定的見解のもとにはとどまらないということである（図表24）。

「理解しようと欲する者は、自分自身の先行見解の偶然性にはじめから事を委ねるのではない。結果として、

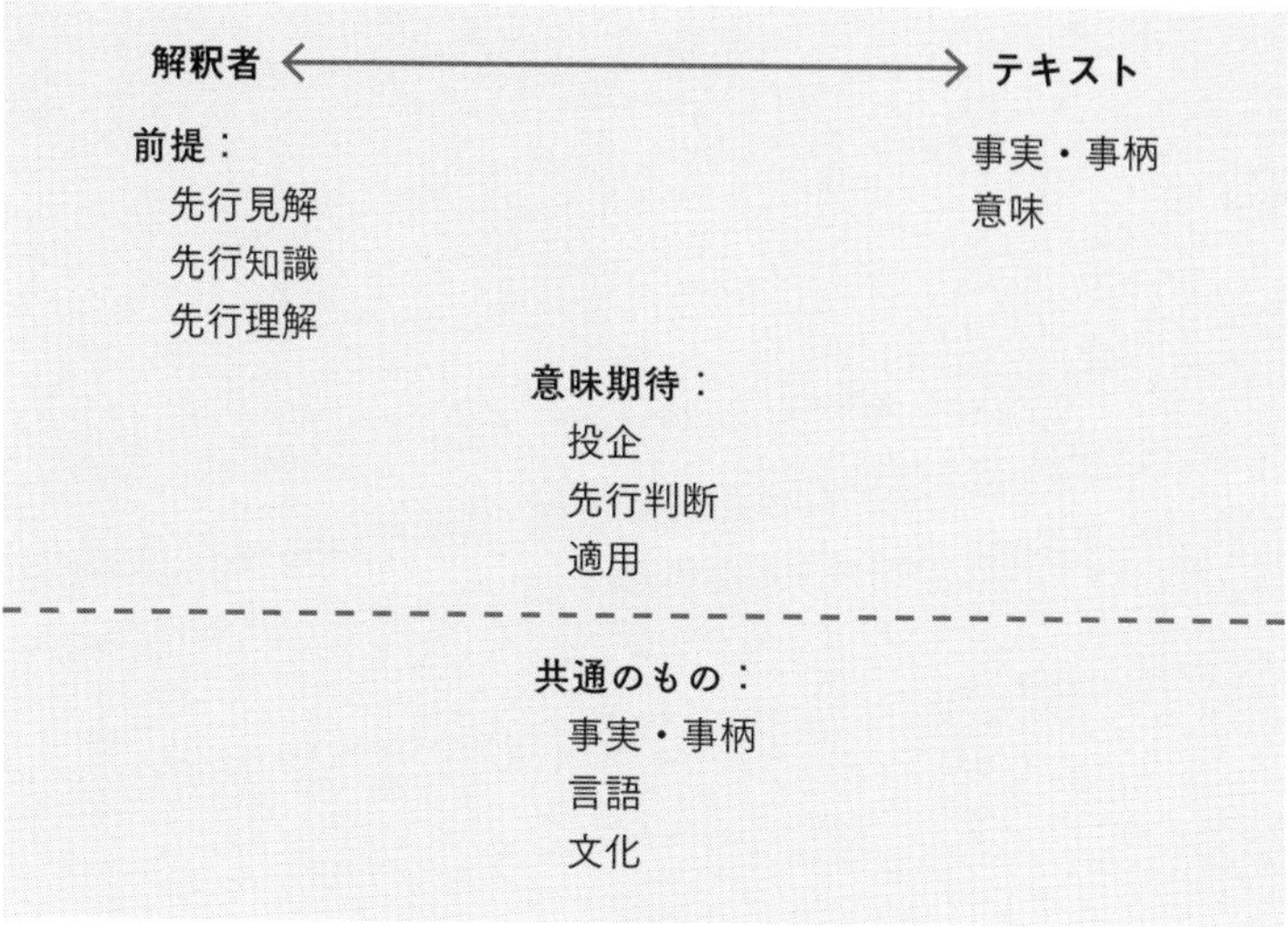

図表 24　前提－意味期待－事実・事柄

テキストの見解をできるだけ首尾一貫して頑固に聞き——その見解が聞き落とすことのできないものとなることで、誤って考えられた（vermeintlich）理解を覆すのである。テキストを理解しようと欲する者は、むしろテキストによって何かを語らせようとする準備をしている。それゆえ、解釈学的に訓練された意識は最初から、テキストの他者性を感じとりやすいものであらねばならない。しかし、そのような感受性は即事・即事態的な「中立性」とか自己抹消（Selbstauslöschung）を前提するのではなく、自分自身の先行理解や先行判断を際立たせて習得することを含む。自分自身の先入見に捉われていることを知覚する必要があり、テキストそのものが他者性において叙述され、自分自身の先行見解から即事・即事態的真理を反目させる可能性があるのだ。[104]」

ここでガダマーは、ある準備、つまり理解にとって必要な解釈学的態度に訴えている。著者をして何かを語らせなければならない。事実・事柄は、期待され、ひょっとすると習慣になっているものとは異なり、違った仕方で現れるということを受容する準備をしていなければならない。「テキストの他者性を感じとりやすい」ものでなければならない。しかしこのことは、問題になっている事実・事柄にけっして自分自身の見解を有してはならないことを意味するのではない。反対に、テキストにおいて主張された視点は、それによってはじめて明白に示されるはずである。事実・事柄を取り入れる知、事実・事柄についての自分自身の先行理解、事実・事柄について有する見解が、解釈において必然的前提として入り込んでいる。およそ、事実・事柄が著者の口を封じるようなことがあってはならない。必要なことは、事実・事柄の叙述が明白に発言し、自分自身の見解でもって際立つことである。

「すべての正しい解釈は、恣意的な思いつきと無自覚な思考習慣の制約から自分を守り、そうして「事実・事柄そのもの」への眼差しに向けられる。[…]このように事実・事柄によって規定されると、解釈者にとって一度きりの「有能・実直な(brav)」決断が自明になるのではなく、「最初で、永続的で、かつ終局的な課題」が現実的になる。なぜなら解釈者は、つねに事実・事柄そのものによって、作業途上でみずからに襲いかかってくる混乱のさなかにあっても、事実・事柄に目を向け続けることが必要であるからだ。[105]」

著者と解釈者との間のこのような「会話」のなかで決定的なことは、はじめにかれらの諸見解が取り交わされるのではないということであり、場合によっては解釈者は自らの見解に固執もしないということである。むしろ、事実・事柄そのものが中心に立たなければならない。恣意的な諸見解は避けられるべきである。こうした恣意は、単なる思いつきや非反省的な思考習慣から生じるのに相違ない。解釈の過程では、解釈者は自己自身を惑わし、つねに混乱させる危険のなかにいる。かれの課題は、事実・事柄によって唯一導かれるという点に存している。なぜならば――「理解とは第一に、事実・事柄において自己を理解することを意味しており、ようやく二次的に、他者の見解をかくかくしかじかのものとして際立たせて、理解するということを意味している。すべての解釈学的条件の第一のものは、事実・事柄の理解、すなわち同じ事実・事柄に関与し続けることである[106]」。理解とは事実・事柄、問題になっているものに接近することを意味している。そしてこの接近することは、循環する行ったり来たりとして生じる。

われわれの問いは、何が理解を駆り立てるのか、であった。何が解釈学的循環を動かせているのか。さしあたってわれわれは、諸前提を先行知識と先行見解と名づけた。しかしながら、理解は意味期待によってはじめて始まる。ここで、ガダマーがこの意味期待について語っている引用文を想記することができよう。すなわち、「テキストを理解しようとする者は、つねに投企（Entwerfen）を遂行している。最初の意味がテキストにおいて明らかになるやいなや、かれは全体の意味に向かって飛びかかるのである[107]」。テキストは、ある期待をもって読まれる。この期待は、テキストが語っている意味に向けられる。その期待は間違うかもしれないし、一部だけ当てはまるかもしれない。しかし、理解を駆り立てるものは理解意欲であり、意味の先取りでありあり続ける[108]。先述した具体例で意味していたのは、カントが啓蒙をどう解釈しているか、である。われわれは、この問いに答えたい。ガダマーによると、理解は先行投企を仕上げることである。この先行投企は、テキストで意図された意味に接近することによってつねに修正される。先行投企は意味期待の表現である。先行投企の修正は、新たな、変化した投企を結果として伴い、また対抗する投企も生み出される。解釈の概念は同様に修正されなければならない。「投企」が意味しているのは、さしあたり、わたしがテキストをこんな具合に理解していくことである。理解の過程は、問題になっている事実・事柄の投企を訂正させるところにある。

理解が導くべき先行的投企のほかに、「先行判断（Vorurteil）」も理解において役割を果たしている。この際に重要であるのは、先行判断が意識されるということだ。「それは得体の知れない先入見であるが、先入見の支配は、伝承のなかで語られてきた事柄に対して私たちの耳を聞こえなくする」。ガダマーは、先入見は積極的にも消極的にもありうるということを指摘している。「先入見」はしたがって、誤った判断を意味するのではなく、積極的にも消極的にも評価されうる概念として存している。「あらゆる理解の本質的な先行判断性（Vorurteilshaftigkeit）が注目されねばならない(109)」。

しかし、いつ先行判断が積極的に、あるいは消極的に判定されるのか。ガダマーは「啓蒙による先行判断の信用喪失（Diskreditierung）」を確認している(110)。この本質は、伝承された見解ないし教説に必ずしも従うべきではなく、むしろ理性があらゆる権威の究極の源泉でなければならないということである。このための典拠（Beleg）としては、太陽が地球の周りを自転しているという説を挙げることができる。アリストテレスと聖書に関連して、このカトリック教会の説は主張された。ガリレイ（Galileo Galilei, 1564–1642）が、かれの観察と理性に導かれたこの説の深い考察を対置させたがゆえに、かれは宗教裁判の前に召喚されたのだった。幸運にもかれはその後、一六三三年の再召喚と、自宅謹慎を申し渡されて済んだ。かれは拷問と死を免れた(111)。この種の例から、いかなる権威を甘受することもなく、最後の審級として理性に決断

先行判断と権威

啓蒙の立場	ガダマー
・否定的権威	・積極的権威
・否定的な先行判断	・積極的な先行判断
・自分の判断の代わりの権威	・真理の源泉としての権威
・理性の代わりに権威に対する盲目的服従	・権威の認識を承認すること
	・伝統による権威, 保持としての伝統
	・自由と理性に基づく保持

図表 25　先行判断と権威[114]

させる啓蒙主義の代表者の態度がよく分かる。権威に基づく先行判断と、性急さに基づく先行判断は区別されるようになった――権威に由来するという理由でその見解を受け入れるのか、それとも、表面的にしか考えないか、ということだ[112]。いずれにせよ、伝承は権威があるから真実であるべきなのではなく、理性をよりどころとした独自の見解であるべきなのだ。

　しかしガダマーは、権威を引き合いに出す合法的な根拠をも見ている。

「啓蒙の要求した、権威信仰と自分自身の理性使用との対立は、それ自体正当である。権威の妥当性が自分の判断の立場に現れる限りにおいて、じじつ権威は先入見の源泉である。しかしだからといって、権威が真理の源泉でありうるということは排除されない。啓蒙は端的にあらゆる権威の名誉を傷つけていたために、このことを見誤っていた[113]。」

いかにして権威は「真理の源泉」たりうるのか。ガダマーは、権威はさしあたって従順や服従と関わり合おうとはしないという論拠を示している。むしろ権威は、その究極の根拠を「承認と認識の仕方に」もっている。認識とはすなわち、「ある者にとって他者が判断や洞察において凌駕しているということであり、かれの判断は先行しているということである」[115]。それに伴って、いまや権威の承認は服従や従順に基づくのではなく、認識に基づくことになる。なぜなら、「権威の承認はつねに、権威が語っているものは非理性的な恣意ではなく、原理において洞察されるという思想と結びついている」からである[116]。ガダマーはさらに、伝統とともに、積極的な先行判断と合法的権威との連関をつくり出す。伝統は「肯定することと把握すること、保存すること」、そして保持することを要求する。「しかし、保持することは理性の行為である」[117]（**図表25**）。

「先行判断」が理性の根拠とともに承認されうるならば、それは真理の源泉として積極的に評価されうる。正当で積極的な先行判断は、解釈学的循環の意味で、事実・事柄に関するテキストの意味へと関係づけられる。それ自身の見解に固定され、訂正できない否定的な先行判断は、閉じた円環、つまり悪循環（circulus vitiosus）をもたらす（**図表26**）。

われわれは、何が理解に入り込んでいるのか、何が理解に生じているのかを認識するよう努め、そしていかに理解が円環的に進みゆくのかを記述するように努める。テキストを解釈しようと欲する者は、諸前提から、かれの先行知識、事実・事柄への先行見解から、かれの前理解から出発する。テキストの理解者は、理解されるべき事実・事柄に関して一つの意味を先行的に投企することによって、テキストへの意味

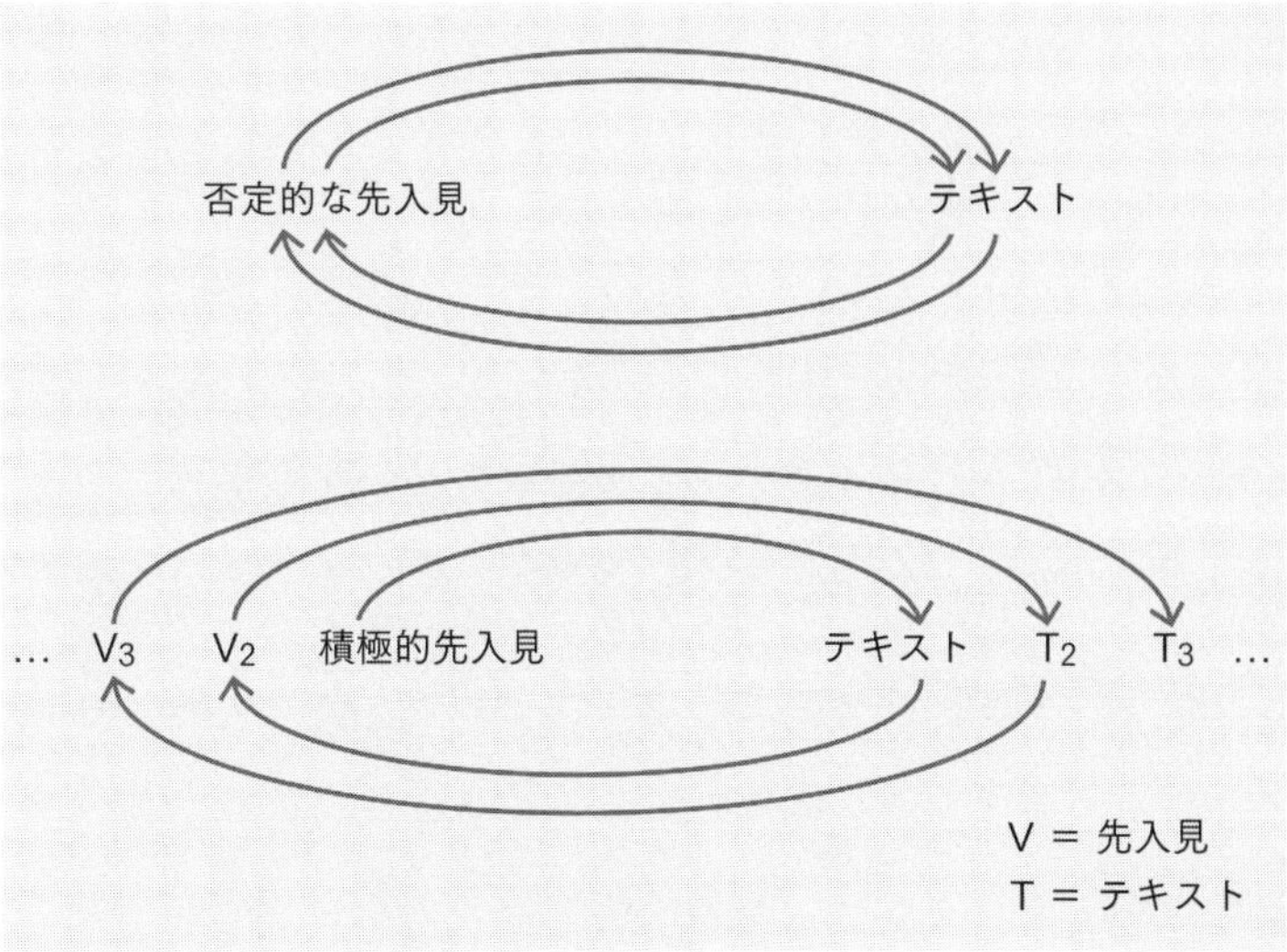

図表 26　否定的先入見と積極的先入見

の期待をもっている。それに加えて、テキストの理解者は、ガダマーが示しているように、積極的な先行判断を取り入れ、理解されるべき事実・事柄に関してあらかじめ与えられた洞察を受け取ってもいる。

ガダマーは意味期待に関係して、より広い観点、すなわち適用（Anwendung）を示している。[118] これは、「理解と解釈と同じく〔…〕、解釈学的過程の構成要素である」。理解、解釈、適用は、ともに属し合い、たがいに制約し合う。適用ということで意味するのは、補足的なことではない。たとえば調理レシピのなかで生じるようなものではない。調理レシピは、どんな薬味が使われているか、どのようにこれを調理するのか、どのようにたがいに混ぜて熱するのかを説明している。ひとは調理レシピを読み、その後実践に移す。しかしながら、解釈学的に意図された適用とは、理解の観点のことである。わたしが適用することによって、わたしは理解する。

解釈や理解にすでに当てはまるのは、「解釈は理解に対して補完的に、そして偶然的に付け加えられた作用なのではなく、理解はつねに解釈であり、それゆえに解釈は理解の明確な形式である」[119]ということだ。それが翻訳者に対しても当てはまるのは、かれが「翻訳する行為のパートナーが現実に語ったものをたんに再現するという課題について語っているのではなく、自分の見解を有効に働かせるからである。それは、真正な対話状況から必然的に現れるのであり、こうした状況で翻訳者は両者の交渉言語の専門家として存在しているのである」[120]。すなわち、翻訳者は語られたことの意味を別の言語の文脈に適用する。同じく、法律書や法律は、先行する時代の文書として歴史的に理解されるのではなく、翻訳者が「解釈による法的妥当性において具体化す（konkretisieren）べきものである」。法が「適切に理解されるべきである」とすれば、法はその要求に対応しつつ、「それぞれの瞬間において、すなわち、それぞれの具体的な状況において新しく、そして別な風に理解されなければならない。ここでは理解は、つねにすでに適用なのである」[121]。そしてこの場合、適用することはガダマーが新たに強調している事柄を保証している。つまり、理解はつねに、理解を異にすること（Anders-Verstehen）なのである。

ここでもまた重要なのは、理解の過程に入り込む適用がたしかに理解をはじめて可能にしており、けっして分離された過程ではないということである。「法律書の意味を認識すること、および法律書を具体的な法例へ適用することは、二つの分離された作用なのではなく［…］、統一的な過程である」[122]。解釈と理解は、現在の状況への考慮に即して、具体的な転換によって導かれる。「法の意味は、その規範的な適用において証明されるが、それは事実・事柄の意味と原則上変わらない。事実・事柄は法律書の理解を有効にする」[12]。すなわち、法の適用されるべき具体化への考慮は理解の普遍的状況を意味している。それぞれの法律書は、その適用への考慮とともに理解されなければならないのだ。それゆえ、この適用の観点が現在のコロナ危機においても現実的であり、論議を呼び起こしてもいるのである。指示された制限は、何を意味するのか。特定のグループを高次の危険にさらすことは許されるのか。あるいは特定の経済部門を破滅にゆだねることは許されるのか。当然ながら、適用しながら理解することはまた、決定の葛藤に至るのである。

もしわれわれが適用の解釈学的な意味に従来通りの言葉の意味を対置させてみれば、その意味は明らかになろう。「適用」とは通常、テキストで語られたことを一つの状況に転用すること、つまり適用されることを意味する。それは、たとえば調理レシピのようなものである。テキストで語られたものは、実際に実行に移される。テキストは、どのように状況が形づくられねばならないかを設定する。むしろ解釈学的な意味で、テキスト解釈の状況は役に立つ。どのようにテキストは、ある一定の状況に対して理解されるべきなのか。状況は、いかにテキストが理解されねばならないかを示すのである[124]。

解釈学的循環の図へと立ち戻ることにしよう。前述の事柄すべては、何と関係するのだろうか。われわれは解釈学的循環を見失ってしまったのではないか。いまや「行ったり来たり」として、あるいは循環的運動として説明できるものは、循環の内容をはじめて形づくるいくつかの契機によって規定される。

この内容こそは、解釈者の側において、かれがもち込む諸前提である。――その諸前提とは、解釈者は何を知っているのか、どのように解釈者は問題になっている事実・事柄を理解しているのか、解釈者はそれに対してどのような見解をもっているのか、ということだ。これらの諸前提は、かれの理解に、「共通の意味への参画」[125]に寄与する。ここにおいて精神科学は、厳密に経験的に方向づけられた科学と区別される。というのも、後者の経験科学は探究者が前提を喪失していることから出発するからであり、いいかえれば、かれの主観的な諸前提が結果を損なってはならないからである。

解釈者は意味の期待によって、理解されるべき事実・事柄の意味を前もって投げかけるという形式へと導くことができる。したがって、解釈者は先行判断に従っており、解釈者は理解されるべきものに関して具体的状況を適用しているという意味での投企をもち込んでいる。投企、先行判断、適用は、理解にあらかじめある方向を与える。それらは、理解が何に向かうのかを規定する。それらは、問いとしても定義されるかもしれない。

理解されるべき事実・事柄とテキストの意味は、ある挑戦として、解釈者の諸前提と意味の期待に対立している。その点をめぐって、かれの諸前提と意味の期待は、事実・事柄や意味において測られ、確証され、変化している。

解釈者と著者の間や、テキスト理解とテキストの意味との間のあらゆる最初の相違にもかかわらず、共通性（Gemeinsamkeit）から出発しなければならない。共通性は、共通の文化的諸条件のみならず、問題になっている事実・事柄や共通の言語とともに与えられる。「知らない世界のみならず、だいたいにおいて、他者のあらゆる理解と把握は、あらゆる精神的なものの根源的な統一や同等性なしには不可能である」[126]。

根底にある解釈者と著者の共通性のみならず、解釈者の諸前提とかれの意味の期待、事実・事柄とテキ

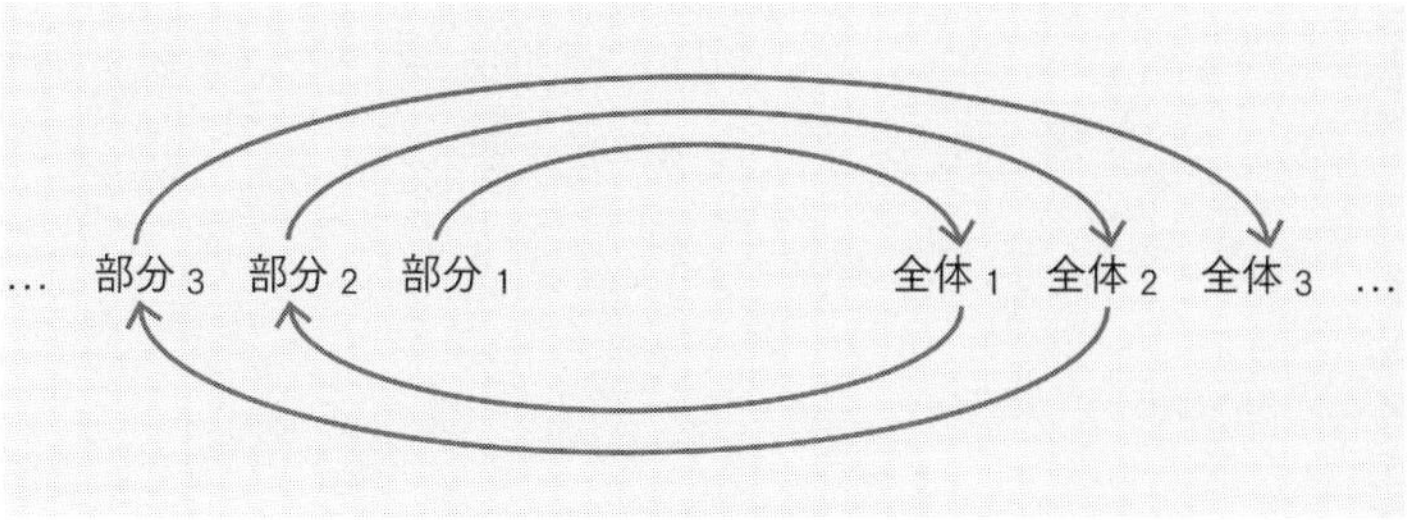

図表 27　循環：部分－全体

ストの意味が、解釈学的循環の内容的側面、すなわち、循環的理解に関与しているものすべてを構成している。この循環的理解を考慮するならば、解釈学的循環の一見単純な図式が内容的に満たされるであろう。

もう一度、（単純な）循環から出発してみよう。この循環は、部分と全体の間で生じ、たびたび「古典的な」例として引き合いに出されるものである（図表27）。

ここで部分として、また全体として見られているものは、多種多様なものを意味している。この際に決定的なことは、部分と全体との間に現れる運動である。部分と全体はたがいに明らかにされる。それゆえにシュライアーマッハーは、学術的叙述を始めるにあたって、さしあたり曖昧で先科学的な（vorwissenschaftlich）教育理解に訴えている。われわれはそこに、解釈学的循環に対する一例、すなわち実践と理解の間の循環に対する一例を見る。語と文の間の関係において、また——すでに示したように——先行理解とテキスト理解との関係において、われわれは部分と全体を見いだす。文はテキスト全体の理解に寄与する。また逆にテキスト全体はしばしば文の意味あるいは語の意味を明らかにする。個々の思想やテキスト全体は同様の解釈の関係にある。たとえば、カントの先述のテキストでは、私的な理性使用と公的な理性使用を区別する思想が啓蒙の理念を明らかにしている。そしてそれは、自らの過失を通じた、未成年からの出発として明らかになる。逆に未成年からの自己解放は、啓蒙の公的な、すなわち社会的な意義へのカント的示唆をなす。解釈学的循環における理解は、個々のテキストの内部のみならず、ある著者の一作品と全作品の関係においても起こる。ここでわれわれは、ガダマーの『真理と方法』とその全作品について考えることができよう。われわれがシュライアーマッハーのように、ある著者の作品を同時代の語彙や出来事に関係させるならば、部分と全体との連関はさらにもっと包括的になる。[127] われわれは上述の「部分／全体」の例に方向づけられている解釈学的循環の図式をつねに描くことだろう。本章の終わりにシュライアーマッハーを引用するが、かれはそこで全体と部分がいかにたがいに規定し合っているかを説明している。

「もとより全体が個別から理解されるように、個別も全体からしか理解されないという解釈学的根本命題は、この術にとってそのような広がりをもっており、それを適用しなければ最初の操作さえも実現できないほど反論の余地がない。たしかに、多くの解釈学的規則が多かれ少なかれこの規則に拠っているのである。ある語がその普遍的な言語価値によってよく知られているのは、この言語価値のどの部分が所与の場所にはまり込むのか、そして何が除外されるのかが、その文の他の部分によってのみ、そして組織的に最も近く結びついているものによって規定されるからである。すなわち、全体に由来する部分として、そして全体性に由来する個別として理解されるのだ。[128]」

解釈学とは何であるのか、また解釈学は何に取り組むのか、そしていかにその認識方法によって思考や人間の行動に近づくことができ、思考や人間の行動が理解されるのかは、さまざまな観点から示される。理解は、解釈学が従事している中心的概念であり、過程であることがわかる。その際、日常会話の理解や心理学的な理解、そして説明からは区別されなければならない意味の理解が問題となる。意味の理解は、つぎのような構造を有している。何かが何かとしてその意味において知覚され、認識される。狭義の解釈学的な意義における言語――記述されたテキスト、あるいは語りの理解が問題である。われわれは同時に、話しかけられた事実・事柄に定位することによって、テキストの意味を理解しつつ解釈する。

理解は、テキスト、文、語、つまり結局著者が言おうと欲していることの意味を手に入れようと切望するものだ。意味は著者の意図したところのものである。それは一方で、われわれが即事・即物的連関をも解釈しつつ理解し、文・テキスト・意図されたものが関連することを要求する。他方、このことは、著者の課題――その人が話題にする事実・事柄の意味を完全かつ適切に把握し、叙述すること――に注意するよう指示する。それゆえガダマーは、テキストの意味はその著者を凌駕すると語りうるのだ。言語的媒介を形づくるところの意味をなすものは、事実・事柄と関連し、最終的には実存論的な意義に関係する有意味さとは区別されねばならない。

われわれが思考し、その思想を表現するときに論じられているものとは何だろうか。そしてそれは、どこからやってくるのか。何がわれわれの思考に先立って行くのか。アウグスティヌスはそれを「内なる言葉」として特徴づけた。ガダマーは解釈学の連関でこのことを取り上げている。いまだ具体的な言葉に属していない「内なる言葉」は、「身体の口（Mund des Leibes）」（アウグスティヌス）によって表現される。

その際、語られたものと書かれたものは、思考されたもの、事実・事柄に対して完全性を失う。「内なる言葉」に対する「外なる言葉」の非完全性が、理解する意欲と解釈学的な解釈の必要性を構成している。これは、非完全性を超えて「内なる言葉」――意図されたものや事実・事柄――にさらに近づくために、解釈学的対話を行う理由でもある。

解釈学的解釈のこの過程にとって、翻訳することがモデルとして見なされる。われわれは、他の言語で語られているものを理解し、再現しようと欲する。そのためには意図されたものの意味、つまり外国語のテキストにおける「内なる言葉」がいわば述べているものを把握しなければならない。われわれは翻訳者として、外国語のテキストを解釈し、その意味を自国語の方へもってこようと努力する。外国語であるということは、解釈学的な課題の特殊なケースを意味しているにすぎない。なぜならば、翻訳者は解釈者であるからだ。翻訳者は会話におけると同様、テキストの意味を得ようと努力する。ここでも、事実・事柄への方向づけが問題となり、事実・事柄はその時々の言語で適切に語られるべき、となる。翻訳は解釈学的解釈と同様、事実・事柄への接近で満足しなければならないことが明らかになる。

著者の意図したものが把握されるべき意味‐理解の過程は、外国語からの翻訳の場合と同様、直線的にではなく、「行ったり来たり」することとして遂行される。この過程は、事実・事柄についての解釈者の暫定的な理解と、著者のテキストや語りのうちで意図されたものとの間で動いている。ここでも明らかなのは、完全かつ最終的に手に入れることではなく、接近することが問題であるということだ。接近の過程、徐々の理解、「行ったり来たり」することが解釈学的循環の意義なのである。理解を得ようと努力する際にどこから出発するかは、それぞれさまざまに名づけられうるが、先行見解、先行理解、先行知識、部分などからである。その際、意味期待、投企、（積極的）先入見が解釈に方向性を与えることで、一つの役割を演じている。この際に決定的なことは、解釈者がそこから出発するものはテキストや語られた事実・事柄との対決のなかで徐々に訂正されるということであり、またその際、著者の主張する事実・事柄の意味への接近が生じていること――そしてそれは圧倒することではなく、意思疎通することだということだ。

第IV章 解釈学の立場

本書では、解釈学への入り口を開きたい。解釈学の哲学的叙述を理解するには、しばしば中心概念や基礎的な思考過程を詳しく研究しておくことが必要だからである。

本章ではまず、解釈学の歴史に関して非常に簡潔な概観を与え、解釈学理論の重要な立場のさまざまな観点について見取り図を描こうと思う。それによって、一方ではわれわれの説明の連関が、他方では解釈学理論の発展が明確にされるだろう。

1　解釈学の歴史について

哲学者たちは、プラトンやアリストテレス以来、したがって二五〇〇年来、適切な理解と解釈への問いに取り組んできている。解釈に対するギリシャ語はヘルメヌエイン（hermeneúein）、ラテン語はインテルプレターレ（interpretare）である。これらの語には、つぎの意義が結びついている。

・叙述する（aussagen）――ある思想を表現する、定義する、言葉で言い表す。
・解釈する（auslegen）――言われたことの意義、意味は何であるかを「解き明かす（erklären）」
・翻訳する（übersetzen）――通訳する、ある言葉の意味を別の言葉へ翻訳する。

われわれは、これらの解釈学の次元（Eben）を以下のように区別することができる。

1．方法としての解釈学――解釈学的実践、テキスト解釈、解釈学的規則
2．哲学的解釈学――解釈学理論、解釈学の一般的前提と観点、理解と解釈学的循環の認識論的意義、言語と「意味」の役割、解釈学の学問論的立場
3．解釈学的哲学――理解の過程としての人間の生（「現存在」、「実存」）、世界の媒介としての言語、人間の生の歴史性（たとえば、ハイデガー、ガダマー）

4. 専門に関連した解釈学――専門的内容と顧慮（Hinblick）を含めた解釈学、たとえば、芸術の解釈学、音楽の解釈学、教育と陶冶の解釈学

哲学的解釈学と解釈学的哲学は一般的解釈学から生じているが、一般的解釈学は特殊な専門領域との関連をもたない。このことは、より狭い意味でのテキスト解釈――たとえば、カフカの『審判』（Der Prozess）をいかに解釈するか――に取り組んでいる文献学的解釈学に該当したし、げんに該当している。その後、旧約聖書や新約聖書を独自のアプローチで解釈する神学的解釈に根ざして、一般的解釈学が生まれた。最後に、法学的解釈学が、たとえば所与の法律が具体的な事件を顧慮していかに解釈され適用されるか問われることで、一般的解釈学の理解のために寄与している。これら三つの解釈学の方向が一七世紀までに独立して、決定的な役割を果たしてきた。その後、シュライアーマッハーも解釈学――「理解の技能論（Kunstlehre des Verstehens）」――を特殊な解釈学に対する一般的解釈学として打ち立てた。[129] われわれが第Ⅱ部および第Ⅲ部ではじめて知った解釈学の諸観点は、一般的解釈学の諸基準を表している。

つぎの表は、解釈学のもっとも重要な代表者たちをプラトンからハーバマスまで、かれらが追究した重点とともに示している（図表28）。それは、解釈学の歴史と発展に関して、箇条書きふうに全体の見通しを表したものだ。ただ、これは解釈学の歴史にヒントを与えることができても、それ以上ではないし、選抜したものにすぎない。というのも、ガダマーとベームが、かれらのテキスト選択のなかで一連のより広範な解釈学者たちを参照するように指示してくれているし、その他の重点を設定してもいるからである。[130]

図表 28　解釈学者たち

		重　点	文　献[131]
プラトン	428/7–348/7B.C.	伝承されつつある叙事詩の解釈（対話篇『イオン』）	Joisten 22ff.
アリストテレス	384–322B.C.	言われていることと意図されていることの区別（『命題論』）	Joisten 30ff.
アレクサンドリアの**フィロン**（イエスと同時代人のユダヤ人哲学者）	13–54	寓意（Allegorese）。言ったことは言う前のことを参照するように指示する	Grondin 43ff. Jung 36ff.
オリゲネス（エジプトのアレクサンドリアの聖書学者・神学者）	185–254	身体的－言語的，心的および霊的－精神的意味の区別	Grondin 46ff. Joisten 42ff. Jung 39ff.
アウグスティヌス	354–430	暗い場所での精神集中。内なる言葉と外的言語，理解の技術的および「実存的」観点	Grondin 50ff. Joisten 51ff. Jung 42ff.
マルティン・**ルター**	1483–1546	聖書の自明性（Selbst–Verständlichkeit）	Grondin 59ff. Joisten 65ff.
マティアス・**フラキウス**（ルター派の神学者・歴史家）	1520–1575	テキストの主要な作用域（命題の意図）。『聖書の鍵』（Schlüssel zur Heiligen Schrift）	Grondin 65ff. Joisten 76ff.
ヨハン・コンラート・**ダンハウアー**（ルター派の神学者）	1630–1666	一般的解釈学。解釈者は意味内容にさかのぼる	Grondin 77ff. Joisten 83ff. Jung 49ff.
ヨハン・マルティン・**クラデニウス**（ドイツの哲学者・神学者・歴史家）	1710–1759	「視点（Sehe–Punkt）」，（解釈者の）作用域！　暗い場所の理由	Grondin 80ff. Joisten 85ff.
ゲオルク・フリードリヒ・**マイアー**（ドイツの哲学者・美学者）	1718–1777	公正の原理（Billigkeitsprinzip）：著者とテキストは理解することができる。世界のどの事物も他の事物の認識の記号である	Grondin 86ff. Joisten 89ff. Jung 53ff.
フリードリヒ・E. D. **シュライアーマッハー**	1768–1834	一般的テキスト－解釈学。文法的解釈：言語の全体性。「心理学的」解釈：著者の思考の独自性	Grondin 103ff. Joisten 95ff. Jung 62ff.

フリードリヒ・**アスト**（ドイツの哲学者・言語学者）	1778–1841	昔の著述家の歴史的，文法的，および精神的理解	Gadamer /Boehm 111ff.
アウグスト・**ベック**（ドイツの古典文献学者・歴史家）	1785–1867	「認識されたものの認識」。理解は再現された認識である	Grondin 115ff. Jung 70ff.
ヨハン・グスタフ・**ドロイゼン**（ドイツの歴史家・政治家）	1808–1886	歴史性は理解を要求する。説明との対比	Grondin 118ff. Jung 72ff.
ヴィルヘルム・**ディルタイ**	1833–1911	個人的な生の連関と超個人的な意味の連関。生産的理解の再生産的理解に対する優先。再体験（追体験），表現および理解の連関	Grondin 123ff. Joisten 109ff. Jung 76ff.
マルティン・**ハイデガー**	1889–1976	理解：実存疇（Existenzial），精態性（Befindlichkeit）が理解の前提となる。「気づかい（Sorge）に支えられて世界に「精進する」（Sichauskennnen）」	Grondin 133ff. Joisten 123ff. Jung 96ff.
エミリオ・**ベッティ**（イタリアの法学者・哲学者・神学者）	1890–1968	解釈学的自律性の規準。内面的に意味のある連関。理解の現実性。解釈学的意味対応（Sinnentsprechung）	Grondin 174ff.
ハンス＝ゲオルク・**ガダマー**	1900–2002	言語の中心的意義。解釈学のモデルとしての翻訳と対話。理解の循環構造は解釈学の範例である。作用史（Wirkungsgeschite）：歴史と現在の媒介	Grondin 152ff. Joisten 139ff. Jung 116ff.
オットー・フリードリヒ・**ボルノウ**	1903–1991	精神科学の方法としての解釈学	Bollow 114ff.
ポール・**リクール**（20世紀フランスを代表する哲学者の一人）	1913–2005	テキストへの言語学的に－説明する，もしくは理解しつつ－解釈する研究方法。テキストの世界の理解	Joisten 169ff. Jung 148ff.
ユルゲン・**ハーバマス**	1929–	解釈学的範疇としての了解・相互理解（Verständigung）。超越論的解釈学。理解の諸条件。深層解釈学，イデオロギー批判	Grondin 178ff. Joisten 153ff. Jung 141ff.

以下でわれわれは、シュライアーマッハー、ディルタイおよびガダマーの理解を通じて、解釈学の若干の視点を描きだすことにしたい。かれらは解釈学の生成過程の模範的な代表者である。たとえば、アウグスティヌス、ハイデガーあるいはリクールの立場も重要であり、興味深くないわけではないが。アウグスティヌス以後約一〇〇〇年が経過してはじめて、解釈学が新たな関心をもって熟考されたことが注目を浴びた。われわれはすでに、アウグスティヌスにおける「内なる言葉」の意義について詳述した。ハイデガーは解釈学そのものに関与したのではなく、かれの哲学を解釈学によって特徴づけること――すなわち、実存疇として、人間の世界および自己自身に対する基本的関係としての理解――に関心があったのである。われわれは、この点に関してたんに指摘したにすぎない。問題なのは、解釈学の歴史を完全に叙述することではなく、そのつどの著者たちの根本思想をいくらか明示することにほかならない。このことは、原典のより詳しい研究への励ましとなるかもしれない。

2 フリードリヒ・D・E・シュライアーマッハー――文法的解釈および「心理学的」解釈

ここでは、マンフレート・フランク編の『解釈と批評』(Hermeneutik und Kritik) に寄せたシュライアーマッハーの序文を根拠にして論じることにする。シュライアーマッハーは、第一節でただちに、いまだ一般的解釈学は存在せず、特殊な解釈学――われわれがすでにみたとおり、文献学的、神学的、法学的な解釈学――しかないことを指摘している。かれは一般的解釈学を樹立しようと努めるのだ。かれは、語り (Reden) と理解が対をなして一つの全体に属している関係 (Zusammengehörigkeit) から出発する。理解は

「語りという行為の裏返し（Umkehrung）」なのである（七六頁）(132)。言い換えれば、だれかの言ったり書いたりしていることを理解しようとするとき、わたしは、何が言われたのか、著者が何を考えたのか、「どんな思考が語りの基礎になっているのか」（七六頁）、著者が何を言おうとしたのかについて追体験しなければならない。したがって、語りと理解、思考とは連関している。それを取り扱う学問分野との関わりでは、このことは、解釈学と修辞学と弁証法の連関を意味している。シュライアーマッハーは弁証法を「知識を統一する学（Wissenschaft von der Einheit des Wissens）」（七七頁）と解している。

ところで、シュライアーマッハーがつぎのように確認していることが解釈学的な関心を引くであろう。

「どの語りも二重の関係、すなわち、言語の全体性とその原著者の全思考への関係をもっているように、すべての理解も二つの契機から成っている。つまり、言語から取りだされたものとしての語りを理解することと、思考している者における事実として語りを理解することである。」（七七頁）

したがって、解釈学の関心事としての理解には、二つの課題がある――一つは、言語そのものを解釈（auslegen, interpretieren）しなければならない。いま一つは、この所与の言語に表れている思考の創造的行為を解釈しなければならない。どの語りも、語り手の根底にある思考に基づいている。なぜなら、所与の言語はその際「独特の仕方で形成され」ていて、同時に「語りは言語の全体性から理解できるだけである」（七八頁）からだ。解釈学的解釈は、思考する者の独自性および、述べられた共通の言語に留意しなければならない。この論証方法こそシュライアーマッハー特有のものである。かれは、しばしば「あれもこれも（Sowohl-als-auch）」とか、相互依存について語る。たとえば、語りは一般的な言語に依存しており、共通の言語は個人の発話行為（Sprach-akt）によって生みだされる、といったようにである。

ここでわれわれが思い出すのは、シュライアーマッハーの同時代人であるヴィルヘルム・フォン・フンボルトの言語理解のことである。言語には一般的な側面、その法則性（Gesetz-mäßigkeit）があり、また主観的な側面、つまり使用の自由がある。フンボルトによれば、言語は全体として存在しており、それは話し手によって新たに作りだされる。言語の力と個々の話し手の力は相補って対になり、一つの全体に属している。

両者は、ともに解釈学的解釈のなかで考慮されなければならない。シュライアーマッハーにおいて、このことは、さらにこう言われる。「理解とは、これら二つの要素（文法的および心理学的要素）の組み合わせにほかならない」（七九頁）。したがって、解釈は「文法的」観点および「心理学的」観点をもっている。では、それは何を意味しているのか。（話された、あるいは書かれた）「語り」は、言語の一般性に目を向けて理解されねばならない。なぜなら、語り手は一つの言語、すなわちその人の言語のなかに生み落とされたからである。この言語は、その人の思考と話に形を与えている。言語の一般性は、その文法的法則性の助けを借りて解釈されうるし、解釈されなければならない。

しかし、同時に語りは話し手の行為、「精神の行為－事象」である。それによって個人は、個人の側から一般的言語に影響を及ぼす。個人の語りとは、言語をともに形成すること（Mit-Gestalten）である。シュライアーマッハーはそこで、この側面の解釈を「心理学的」と呼ぶ。今日の理解からすれば、この連関で「心理学的」という語を用いるのはむしろ誤解を招きやすい。ガダマーですら、シュライアーマッハーに対して心理学的な解釈を非難している。もっとも、のちにグロンダンがそのことに異議を唱えているにしても。[133] シュライアーマッハーはつまり、語りの張本人の思考を参照するよう指示しているのだ。

「語りは、……個々人に対して思考を媒介する。思考は、内在的な語りによって成しとげられる。その限りでは、語りは、できあがった思想そのものにすぎない。しかし、思考している者が、その思考をみずから確定することが必要だと思えば、語りの術（Kunst）が生じ、元々の言葉の変化や解釈といったものが必要となる。——解釈学と修辞学の互いに緊密な関係の本質は、いずれの理解という行為も語りという行為の裏返しであるところにある。それゆえに、どんな思考が語りの基礎に置かれているのかが意識されなければならない。」

（七六頁。強調は引用者）

もちろん、シュライアーマッハーはここで、個々人が語っているときにそのうちで何が起こっているのかについて記述しているのである。ともあれ、かれは「心理学的」過程ではけっしてなく、思考‐行為のことを考えている。その際、思考がそれによって成しとげられる「内的な語り」にも言及している。——このことは、アウグスティヌスにおける「内なる言葉」を思い出させる。シュライアーマッハーは「心理学的」解釈を「技術的」解釈とも呼び、この視点のもとでの理解を「思想の表現として」、「語りという行為の裏返し」として記述している。[134] このことは、つぎのように図解で説明することができよう。

著　者：　思考　↓　（ことばで表出する）　↓　語り

解釈者：　思考　↑　（解釈する）　↑　理解　←

したがって、理解と解釈においては、著者の思考を追体験することが重要である。

シュライアーマッハーは、文法的解釈と「心理学的」解釈を等価値として、また同様に重要なものとして認識している（七九頁）。たしかに、それらは異なった関係にあるものとして用いる必要がある。たとえば、「まさしくその結果として、文法的に重要でないことは心理学的にも重要でないという必要はないし、またその反対でもあるということが生じる」（八三頁以下）。したがって、あるときは言語の解釈に、またあるときは著者の独自性により多く精神を集中させなければならない。言語の解釈は、まずもってテキストを文法的に見ぬく（durchschauen）ことを必要とする。われわれは、一般に文の構造を認識しようと努力する若干の事例を見てきた。それが成功したとき、はじめて一つの文の、したがってまたテキスト全体の意味も把握できる。さらに個々の概念を解釈しなければならない。カントの啓蒙に関するテキストから引用した、機械概念だけを考えてみよう(135)。カントはそこで、「機械（Maschine）」という語でもっぱら何を考えているのか。部分と全体との間の解釈学的循環の本質を成すものが、そこには書き込まれている。個々の概念は、テキストの連関によってよく分かるようになる。そしてカントの言おうと思ったことは、個々の語の意義を必要とする。したがって、この過程こそ「文法的解釈」の本質を成すものであり、シュライアーマッハーはそれを理解の一面として論じているのである。

われわれは、シュライアーマッハーが同時に必要と見なした「心理学的解釈」をどう理解すべきだろうか。著者の思考——その人がテキストのなかでどんな思想を展開しているのか、いかに論証しているのかが問題なのである。それに役立ちうるのが、その人の思考の全体、全著作と関連づけることである。多くの著者が、その人独自の言語を使用している。そうした特別な実例は、たとえばハイデガーに見られる。かれはおまけに、かれ独自の綴り方——「Sein」〔存在〕に対して「Seyn」、「Existenz」〔実存〕に対して「Eksistenz」——をも展開した。それらは、その綴り方でもってかれが何を言おうと考えたのかを想起させるだろう。アドルノは、その著書『本来性という隠語』でハイデガーの異例の言葉遣いを批判した。しかしながら、アドルノはアドルノで独特の語り方と文の構造をもっている。[136] もちろん、解釈はシュライアーマッハーの精神にのっとり、そのときどきの著者の思考と表現方法のみならず、著者が書いている時代をも考慮しなければならない。われわれがカントあるいはシュライアーマッハーを理解するのに感じる困難は、一八〇〇年ごろ用いられていたドイツ語ならびにかれらの独自の思考に因るものである。

文法的解釈と「心理学的解釈」とがいっしょに作用している様子を図解して説明してみよう。そこでは、一方で所与の言語とテキストが成立した歴史的状況が、他方では著者の思考とテキスト内でのその独自性とがともに作用している（**図表29**）。

解釈のこれら両者の観点——文法的な観点と「心理学的」な観点にかんがみ、シュライアーマッハーは、解釈は術（Kunst）であるとの洞察に至る。

「解釈学の完全な仕事は芸術作品と見なすことができる。しかしその実行は、あたかも一つの芸術作品で

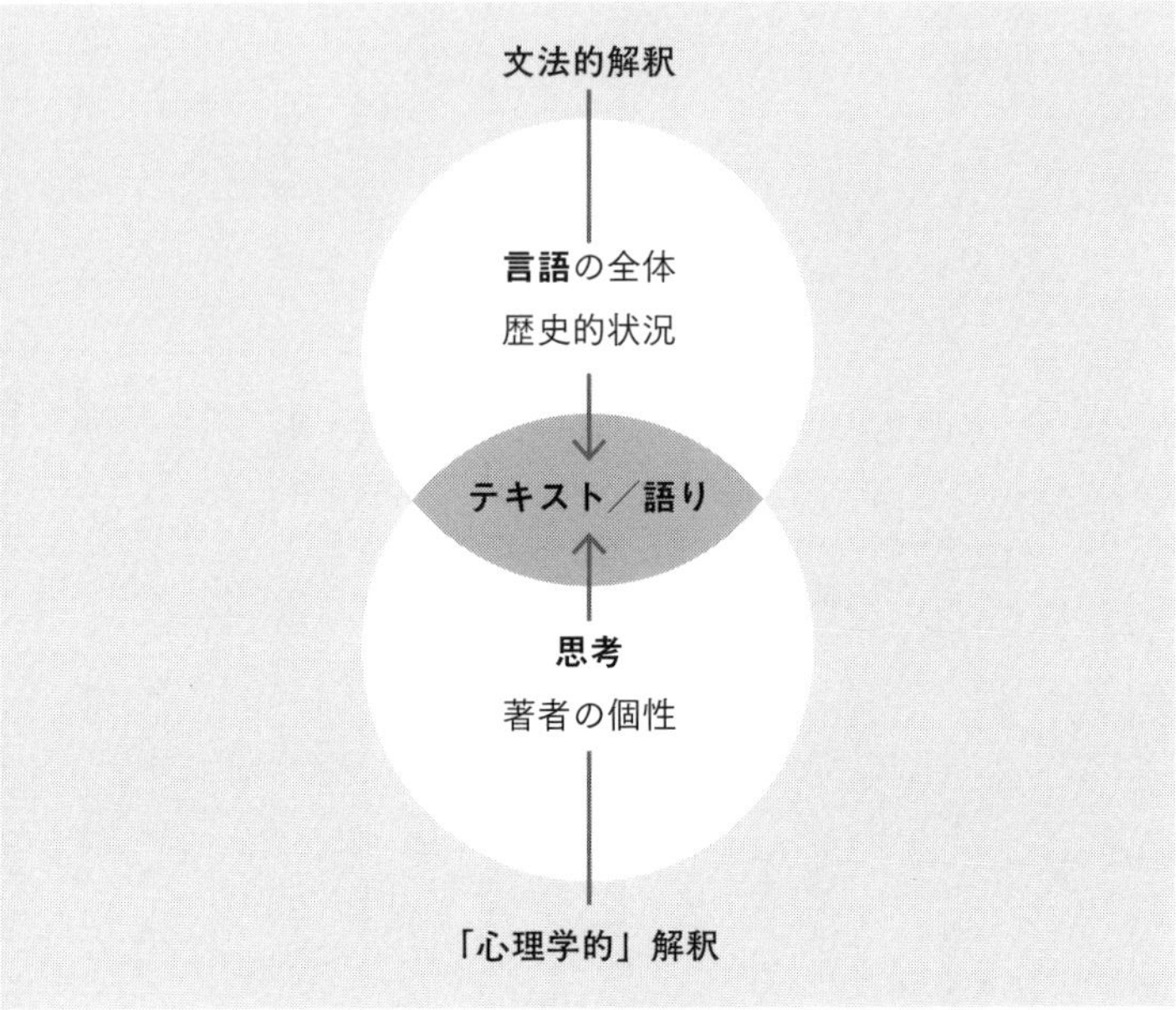

表 29　シュライアーマッハー：文法的解釈と「心理学的」解釈

終わってしまうようなものではない。その活動は芸術という性格だけを帯びているのである。というのも、規則は適用されてはならない、つまり機械化（mechanieren）することができないからである。」（八一頁）

したがって、シュライアーマッハーは「術《クンスト》」という語で、われわれが繊細なと記述できるかもしれない、語りとのつきあいを意味している。たとえ規則が役立つとしても、機械的な処置をとってはならない。「術に適った（kunstmäßig）」解釈が必要であるということのより深い理由は、言語と著者の個性が「無限の、計りしれない（unendlich）」ものであって、それゆえに汲みつくすことのできないものだというところにある。つまり、言語と著者を完全に知ることは不可能だからである。「術《クンスト》を幸運に行使することは、語学の才能と個々人の人間知の才能に基づいている」（八一頁）。したがって、われわれが「繊細な」という語で特徴づけることのできたものを、シュライアーマッハーは「才能（Talent）」と表現している。「才能」も規則によって導かれる機械的処置以上のもの、もしくはそれ以外のものを意味している。

そしてシュライアーマッハーはさらに、「術に適った」解釈と「術を欠く（kunstlos）」解釈とを区別してもいる。前者は「若干のことは厳密に理解しようと思うが、他のことはそう思わない」ということに基づく。後者をかれは「術のより手ぬるい実践」と呼んでいる。「これは、理解はおのずから生じるということに由来し、理解はどの点でも望まれ、求められなければならない」（九一頁以下）からである。

われわれは、シュライアーマッハーにおける「術を欠いた」解釈と「術に適った」解釈と区別するために、例として二つの命題を挙げることにしよう。

(a) ゲーテとシラーは友人であった。

(b) ゲーテとシラーの政治的立場は原則的に違っており、それは、かれらの著作と伝記に示されている。

「より手ぬるい実践」は、双方の命題をつぎのように受け入れることができるだろう。すなわち、ゲーテとシラーは友人であった。そしてかれらは相異なる政治的立場をとっていた、と。シュライアーマッハーの解釈の「より厳密な実践」は、内容の理解だけでなく、とりわけ理解する者の立場・態度を意図している。われわれは、それを批判的態度として特徴づけることができよう。それは誤解を覚悟している。それゆえ、この態度をもってすると、簡素な命題(a)も簡単には受け入れることができなくなる。「ここでの友情とは何を意味するのか」という問いに答えなければならないからだ。そして、「その関係がどれくらい本物か」という問いにも答えなければならない。

より複雑な命題(b)に関して誤解を考慮しなければならないとき、こうした批判的態度はもっとのっぴきならないものとなる。ここでは、シュライアーマッハーの行う誤解の細分化（Differenzing）が重要となる。

「誤解は急ぎすぎ（Übereilung）の結果であるか、偏見（Befangenheit）の結果であるかだ。前者は個別的契機である。後者は、より深く潜んでいる誤りである。それは個々の理念圏の近くにあるものに対する一面的な偏愛（Vorliebe）であり、個々の理念圏の外にあるものに対する反感（Abstoßung）である。かくして、作家のなかにないものが努力もしくは苦心して説明される。」（九三頁、強調は引用者）

誤解は「急ぎすぎ」によって、したがって性急な、浅薄な理解によって現れる。しかし「偏見」は、シュライアーマッハーが強調するとおり、より深くまで影響が及ぶ。命題(b)では、政治的立場・態度を明らかにするとともに、努力もしくは苦心した説明（Hinein oder Herauserklären）が始まり、ふたたび全作品の解釈のなかで政治的立場・態度が明らかになる。シュライアーマッハーが述べるこの「偏見」は、一方ではハーバマスが主題としている「先入見（Vorurteil）」、他方ではたとえばハーバマスが解釈学に要求している「イデオロギー批判」を想起させる。解釈学にとっては、「より厳密な実践」が重要である。解釈学はそれとともに、いわばはじめて始まるのである。

われわれは解釈学的循環との関連で、前章でシュライアーマッハーを参照するよう指示した。かれは第二〇節と第二三節で、部分と全体との相互依存と解明（Erhellung）の理論を打ち立てている。[137] それとともに、かれの「解釈学と批評」に関する講義の記録への序論は終わっている。続いて「文法的解釈」と「心理学的解釈」に関する主要部分があるが、ここではわれわれの選んだシュライアーマッハー解釈学の観点で満足しなければならない。以上によって、かれの根本思想のいくらかを説明したので、これとより深く議論してみたいという気持ちをそそってくれればと思う。

3　ヴィルヘルム・ディルタイ――生の表現の理解

シュライアーマッハーの解釈学的熟慮は、「語り」とその解釈を巡っている。したがって、話され、書かれた言語が中心にある。ディルタイの場合、言語は最初は背景に退いている。[138] かれも理解について語っているが、しかしこれにはまったく別の連関がある。「理解とは、なんじ（Du）におけるわたし（Ich）の再発見（Wiederfinden）である」（一九一頁）。解釈とは、理解しつつある者のなかに自己をふたたび見いだすことである。両者は同じく「客観的精神」に属しているため、そのことが可能になる。ならば、客観的精神とは何か。ディルタイ解釈学の理解に近づくためには、まずその解明をすべきであろう。かれはこう言っている。

「わたしは［客観的精神を］個人間に存在する共通性（Gemeinsamkeit）が感覚界において客観化されてい

る多様な形態と解している。〔…〕その領域は、生の様式、交際の形態から、社会が形成した諸目的の連関、すなわち、慣習、法、国家、宗教、芸術、諸科学および哲学にまで及んでいる。〔…〕最初の幼児期からわれわれの自己は、この客観的精神の世界からその栄養を受けとっている。それはまた、他人およびその生の表現の理解が生じる媒体（Medium）でもある。なぜならば、精神が客観化されているすべてのものが、わたしとなんじに共通のものを含んでいるからである。」（二〇八頁。強調は引用者）

したがって、「客観的精神」の本質をなしているのは、われわれに共通のものである。ゆえに、それは個々人に対してのみならず、「客観的に」も妥当する。それは「感覚界」において客観化されている――言い換えれば、それは知覚できるし、把握できる。客観的精神は、われわれに共通な生のすべての形態を規定しているがゆえに、われわれが了解し合うことのできる基礎をなしている。

「なぜならば、精神が客観化されているすべてのものが、わたしとなんじに共通のものを含んでいるからである。樹々が植えられたどの公園も、座席が整えられたどの居間も、子どものころからわれわれにはよく分かっている。それというのも、人間的な目的措定、整頓、価値決定が共通のものとしてどの公園にも、部屋にあるどの対象物にもしかるべき場を割り当てていたからである。〔…〕［子どもが］話すことを学ぶ前に、子どもは、すでに完全に共通性の媒体に浸っている。」（二〇八頁以下）

ところでディルタイは、ここで社会化（Sozialisation）という近代的な思想を想起させるものに言及している。最初の幼児期からある程度、客観的精神がわれわれに伝えられる。そこにはもちろん、そしてとりわけ言語も必要である。もっとも、興味深いことにディルタイは、ここではっきり言語に言及しているわけではないのだが。言語の本質をなすもの、言語によって伝達されるものは、つまり、客観的精神にほかならないと言うこともできよう。たしかにディルタイは、客観的精神が経験できる感覚的客観化を参照するように指示している。しかしながら、言語にはこの直接的な感覚性が欠けているのである。

ディルタイがさらに、理解はなんじにおけるわたしの再発見であると言うとき、客観的精神から与えられる共通性に基づいて、それは可能となる。それは個人にかかわるだけではない。

なぜならば、「精神は連関のいっそう高次の段階で自己を再発見し、わたしにおける、なんじにおける、共同体のあらゆる主体における、文化のあらゆる体系における、最後に精神および世界史の全体性における精神の同一性（Selbigkeit）が精神諸科学におけるいろいろな業績の協力を可能にするからである」。

（一九一頁）

客観的精神からつくりだされる共通性は、個人を他者、われわれが生活している共同体、われわれの文化へと結びつける。それは最終的には、人類の歴史に至るまでのすべての精神的なものを形成する。この共通性に基づいて、われわれは理解する。

客観的精神について語っても、理解は何かまったく抽象的なものであるかに思われる。しかしながら、解釈学の枠内で大事なのは、理解であるはずだ。ディルタイの熟慮ではその抽象性が失われているが、われわれが理解と体験（Erleben）との連関を認識するならば、理解はいわば「実存的感触（existentielle touch）」をもつようになるだろう。理解とはなんじにおけるわたしの再発見であるというディルタイの命題は、すでに理解をより実感として理解できる（nachvollziehbar）ようにし、具体的なものにする。ディルタイはこの再発見を、「感情移入（Hineinversetzen）、複写（Nachbilden）および追体験（Nacherleben）」として記述している（二一三頁以下）。かれは体験を「現実の覚知（Innewerden）」と呼んでいる（二一八頁）。体験とは「精神的世界について」、「歴史的活動、客観的精神の主体として、体験、他人の理解、共通性の歴史的把握の協力」を通じて「知るための」「究極の前提」である（一九六頁）。ここにおいてディルタイは、具体的な体験と抽象的な客観的精神との連関をつくりだしている。われわれは体験において精神的なもの、「精神的世界」を経験するのだ。

ディルタイの哲学は生の哲学（Lebensphilosophie）である。ここでの生とは、すべてのものの欺くことのできない（nicht-hintergehbar）基盤である。しかし、生はそのようなものとして生物学的存在以上のものを意味している。生を全うすること（Vollzug des Lebens）は、体験として生じる。「しかしながら、われわれは体験とともに、生理的現象の世界（Welt）から精神的現実の王国（Reich）へと進む」（一九六頁）。したがって、人間の体験のうちに起こるのは、生理的・生物学的・機械的経過と反応以上のもの、およびそれ以外のものであるということになる。ここでもまた、体験が精神的事象であることは明らかだ。

そのような事情ゆえ、体験は鈍感かつ盲目的にではなく、反省的に生じている。「われわれは生、つまり、他者の生と同様、自己の生に対して理解する態度をとる」（一九六頁。強調は引用者）。ところでそのことは、われわれが異質な生、したがって他者の生をも理解することを意味している。そして、われわれ

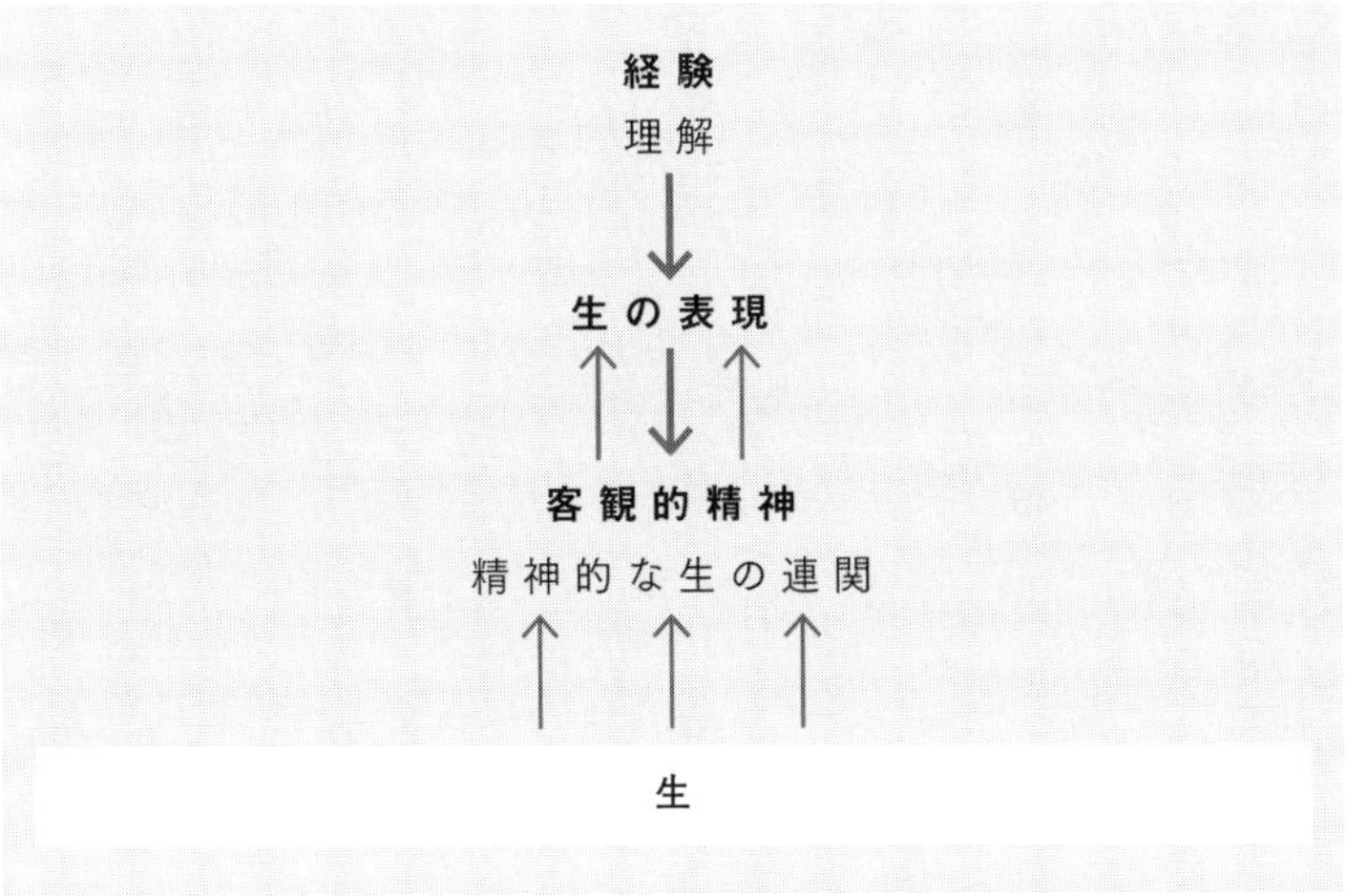

図表30　ディルタイ：理解と生の表現

は他者に気づき、その生の表現に基づいて理解する。

「感覚界のうちに現れて、［生の表現は］精神的なものの表現とされる。そうして生の表現は、精神的なものの認識を可能にする。わたしはここで、生の表現を、何かを意図するか意味する（意味しようと欲する）表現のみならず、精神的なものの表現として意図することなしにわれわれに精神的なものを分からせる表現と解している。」（二〇五頁）

理解、理解されるべき生の表現と客観的精神および生とのこうした連関を、われわれは図式に書き留めておこう（**図表30**）。

ディルタイは、生の表現に三つの「クラス（Klasse）」を区別している。第一は「概念、判断およびより大きな思考形成物（Denkgebilde）」である。ここでは、理解は単なる思考内容に向けられるだけで、「心的生活の暗い背景や豊かさへの関係」を何らもたない（二〇六頁）。行動（Handlung）というクラスについても事情は同じである。行動も何かを伝えるという意図をもたない。もっとも、行動は一つの目的を追求しており、その目的は「内面的なもの」に関して説明できるかもしれないが。生の表現の第三の、本質的なクラスは体験の表現を形づくる。

「かれ、かれがそこから現れでる生と、かれが努力して手に入れる理解との間には特別の関係が存在する。つまり、表現は、心的連関について、どの内省（Introspektion）でも気づくことができるより多くの内容を含むことができるのである。」（二〇六頁）

たしかに、体験の表現の理解は不誠実さ（Unwahrhaftigkeit）の危険に屈する。「なぜならば、偽り、嘘、思い違いが、ここでは表現と表現された精神的なものとの関係を突き破るからである」（二〇六頁）。しかし、偉大な作品においては、個人としての著者は完全に背景に退く。「作品は、それ自体本当に固定され、目に見えるようにされ、長続きする状態にある。したがって、その作品の術に適った確実な理解が可能となる」（二〇七頁）。行動や思考形成物と比べて、体験の表現には、より大きな意義がある。それというのも、体験の表現は「心的生活の暗い背景や豊かさ」、言い換えれば、生そのものへのより深い洞察を可能にするからである。

ディルタイは、初歩的（elementar）理解と高次の（höher）理解とを区別する。初歩的理解は「個々の生の表現」、したがって単純な事態（Sachverhalt）を意味している。その際、「初歩的理解の過程が基づいている基本的関係は［…］表現と、そのなかで表現されているものとの関係である」。一方の生の表現ないし表現と、他方の表現されたものないし精神的なものとは、統一として対をなしている。——それはあたかも、怖がりの身振りとそれが表現する恐怖のように、である（二〇七頁以下）。

客観的精神は共通性の基盤であるがゆえに、初歩的理解に対してすでに、その意味は姿を現している。だれもが表す恐怖そのものについて、わたしがみずからの恐怖を同じような仕方で表さないとすれば、それを理解することはできないかもしれない。「個々の生の表現を共通なもののなかに組み入れることは、客観的精神が組織された秩序を内包していれば、容易になる」（二〇九頁。強調は引用者）。客観的精神は構造化されている。生の表現は、そのつど一つの類型（Typus）、「共通性の一つの領域」に属している。ここで重要なのは、ディルタイが理解の可能性を「一定の文化圏（Kulturkreis）のなかで確定された秩序」に関連させていることである（二〇九頁）。われわれは、のちにもう一度そのことに立ち返るだろう。[139]

初歩的理解は、直接的で自発的な理解を意味している。しかし、とりわけ複雑な状況が問題であるとき、直接的な理解を妨げる困難や矛盾が現れる可能性がある。そのとき、高次の理解が必要になる。「ここでは、表現と表現されたものとの関係は、他の人間たちの生の表現の多様性と、その基礎になっている内的連関との関係へと移行する」（二一一頁）。個々の生の表現は、生の連関の全体のなかで理解されなければならない。

「[…]かくして、理解の仕事は精神的世界のいっそうの著しい深みに通じている。客観的精神が類型のなかに組織された秩序を内包しているように、人類にも、いわば秩序体系が含まれている。すなわち、その秩序体系は、普遍人間的なものにおける規則性（Regelhaftigkeit）と構造から、理解が個人を把握する類型へと通じているのである。」

（二一三頁）

われわれは、解釈学の文脈における理解を意味－理解として規定した。それに対して、ディルタイは理解を客観的精神と生との連関に置いている。理解は、さらに生の表現への、または生の表現の「感情移入、複写および追体験」になる。高次の理解は、「所与のもののうちに生の連関を見つけだすという課題」を有する（二一三頁）。意味が問われるのではなく、みずからを表す（sich äußernd）生が問われるのである。理解は、ある人間またはある作品に感情移入すること（Sichhineinversetzen）である。「そのとき、一つの詩のどの詩句も、詩が前提としている体験のなかの内的連関によって、もとの生へと戻される」（二一四頁。強調は引用者）。このことはとくに、感情移入の思想とともに明らかになる。同様の事態にわれわれは、すでにシュライアーマッハーにおいて出会っていた。

われわれがディルタイの解釈学に出会うことができるのは、この近辺においてである。ディルタイがこう言うとき、かれは明らかに解釈学を話題にしている。

「術に適った理解が継続的に確定された生の表現を、われわれは、解釈（Auslegung）と名づける。いまや精神的生は言語においてのみ、その完全で徹底的な、それゆえに客観的な把握を可能にする表現を見いだすので、解釈は著作中に含まれた人間存在の名残（Rest）の注釈（Interpretation）として完成をみる。」

（二一七頁）

ここでディルタイは、解釈学に関して重要な認識を示している。第一に、解釈学は「永続的に確定された生の表現」に関係すべきである。第二に、理解は「術に適った」と呼ばれる。つまり、理解はたしかに初歩的理解以上のものとなる。われわれは「術に適った」を、解釈学の意味で一定の秩序をもつ、体系的な措置と見なしてよいであろう。ディルタイは、解釈するという概念をそのために使っている。最後に、第三にかれは、表現の手段としての言語と文字に言及している。言語はたしかに、他の生の表現よりも客観的かつ明白に把握することができる。そして文字とともに、さかのぼることのできる「永続的に確定された生の表現」が提出される。それというのも、ディルタイは、この連関でやはりまた意味についても語ることができるからである。かくして、「理解過程におけるすべての試みは語をある意味へ、またある全体の個々の部分の意味をその構造へとまとめ」なければならない（二二〇頁）。しかしながら第四に、生の哲学および客観的精神への関係は持続している。なぜならば、ディルタイは繰り返し「生の表現」「精神的生」「表現」を引き合いにだすからである。それゆえ、理解は「単純に思考行為として把握することができない」ことをかれが確認したとしても、少しも不思議ではない。というのも、転置（Transposition）、模写、追体験は、理解のなかで効果をもつ「心的生の全体性」を示唆しているからである。「かくして、すべての理解のなかには、生そのものが非合理的なものであるかのように、非合理的なものが存している」（二二八頁。強調は引用者）。

引用してきたディルタイのテキストは、ここで再現されたもの以上に複雑で、洗練されている。単純化された叙述のおかげで思考過程の主要な線が明らかになったのではなかろうか。それとともに、こんな問いも生じる。生および心的生、表現と追体験、精神的生と客観的精神を引き合いにだすのは、どんな解釈学なのか。「語り」（シュライアーマッハー）および「言語」（ガダマー）の代わりに、「生」と「客観的精神」に与えられる重要性とは何を意味しているのだろうか。このことは、精神諸科学の学問性への要求に対して何を意味しているのだろうか。

4　ハンス＝ゲオルク・ガダマー——作用史の観点

二〇世紀後半における解釈学の定式化と論議に対するガダマーの意義は十分、一般に認められている。このことはまた、かれのアプローチが批判的にであれ受け入れられたということでもある。とりわけ、『真理と方法』の第二巻（Wahrheit und Methode, Bd. II）は、そうした論争に基づいて成立した。本書でガダマーが中心的なポイントで何度も引用されているとすれば、それが解釈学的な事柄の本質を表現する方法であるという、著者の個人的な信念によるものである。しかし、どんな解釈学か——そうすぐに異議が申し立てられるかもしれない。ガダマーは一定の哲学、つまり、ハイデガーの哲学に従っている。それとともに、かれは立場を明確にする。すなわち、解釈学は普遍的な要求をもつ。理解とは実存疇（Existential）である。言い換えれば、「人間の現存在の範疇的根本規定」である。人間の生は理解である。[140] それと並んで別のさまざまな立場が存在する。もちろん、解釈学の歴史がそれらを示している。われわれは、シュライアーマッハーとディルタイでもってガダマー以前の二人の重要な代表者を指摘した。たとえば、エミリオ・ベティあるいはユルゲン・ハーバマス、ポール・リクールとの議論にも言及がなされるべきだろう。歴史の経過に伴う、また現在の議論における解釈学のあらゆる観点や基礎づけを研究し、かつそれらと対決するならば、心を惹きつけて離さない要件になるであろう。というのも、たしかに、一人の著者ないし一定の学派に盲目的に従うことが問題ではないからである。むしろ、だれもが討議された事柄をまず理解しつつ追体験し、その後批判的な眼で比較検討し、みずから根拠のある立場をとるよう求められ、またそうする自由をもっているからである。

解釈学の研究方法や観点について述べてきた過程で、すでにたびたびガダマーに触れる機会があった。したがって、ここではまずかれの解釈学の中核思想の簡潔な総括を行い、つづいて、これまで貧乏くじを引いてきた視点、つまり「作用史」の意義について論じることにする。

最初に、ガダマーの思考過程を見出し語（Stichwort）で示すことにしよう。

・解釈学的理解の内容とは、事柄への接近である。
・理解が生じる一般的媒体は言語である。
・言語の多義性（Vieldeutigkeit）から事柄への関係が必要である。
・それゆえ、理解は事柄の意味を苦心して明らかにすること（Her-ausarbeiten）である。

「理解は、第一に、自己自身を事柄のなかで理解することを意味している」(141)。

・理解は意味‐理解であり、言語的（sprachlich）である。
・理解を遂行する方法は解釈（Auslegung）である。
・解釈は意味を期待している。それは投企（Entwurf）として、期待された意味の先行投企（Vorentwurf）として起こる。
・対話（Dialog）において、会話において事柄が、あらゆる意味期待に関して考慮される。

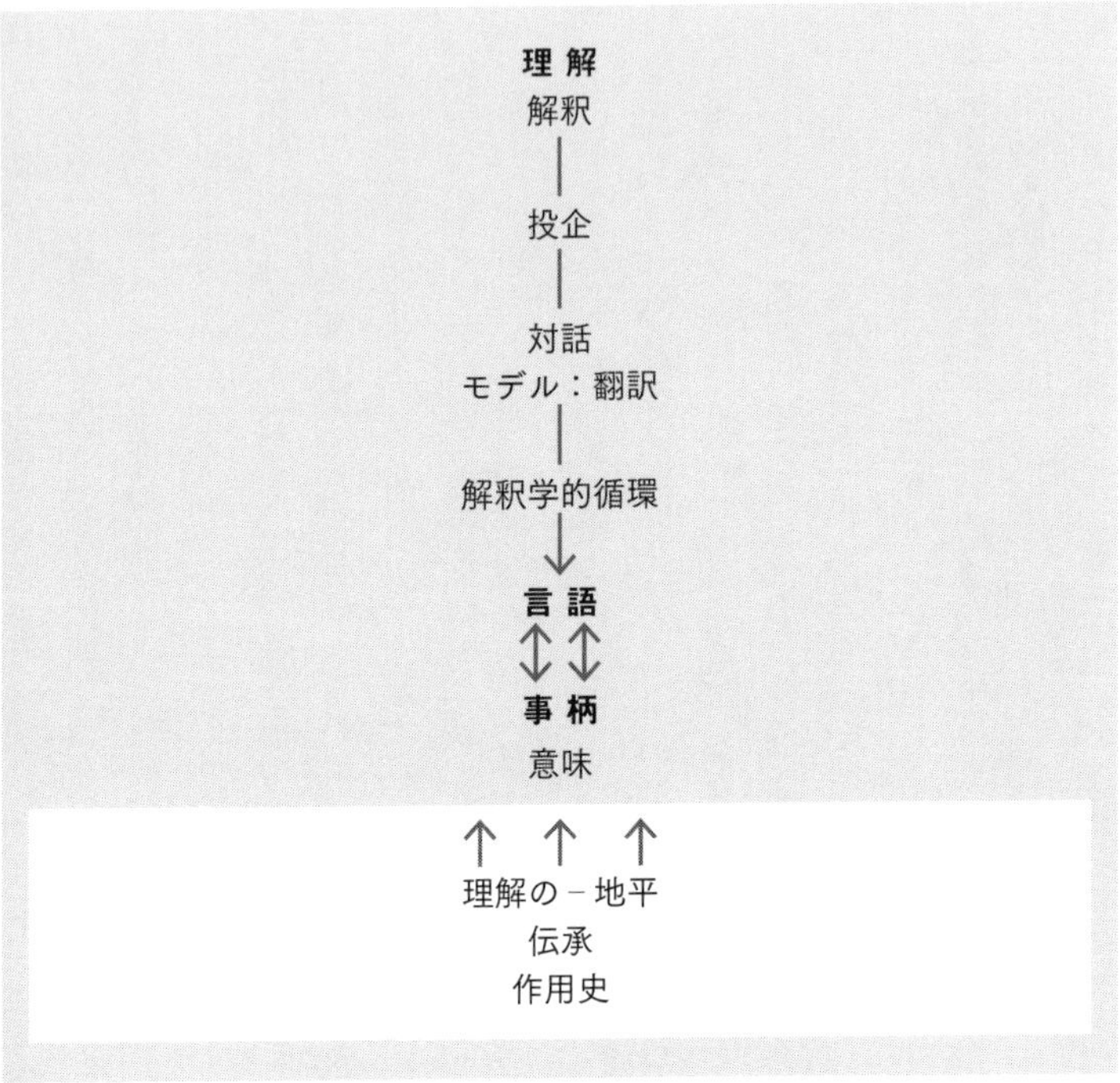

図表 31　ガダマー：理解－言語－事柄

解釈学的循環の動きのなかで、一方には先行意見（Vormeinung）、先行知識（Vorwissen）および解釈の意味期待があり、他方にはテキストと著者の意見があり、その間の往復において、テキストの意味と事柄への接近が生じる。

　こうした解釈の過程のモデルは、ある言語を別の言語に翻訳することである。その際、事柄への関係とともに、適切な言語の定式化が判明するに至る。そのことを図式にまとめてみよう（**図表31**）。

　いまやわれわれは、これらの概念と思想を、ガダマーが「作用史」と名づけたもののもっと大きな連関に置かなければならない。作用史とは何を意味しているのか。何がその連関に属しているのか。ガダマーの解釈学は、ハイデガーの哲学の文脈にある。したがって、理解は単純に言語学的事実なのではなく、規則として確定できる解釈の過程でもない。理解は実存疇であり、人間の現存在の特性（Charakteristikum）である。それゆえに、ガダマーはこう言う。「理解の「技能論」は［…］わたしの意図にはない」と。したがってかれは、たとえばシュライアーマッハーが立っている解釈学の伝統の跡を継がない。「われわれがなすもの、われわれがなすべきものではなく、われわれの行為と意欲を越えてわれわれの身に起こっているものが問題なのだ」[142]。この「われわれの身に起こるもの」が、作用史と呼ばれる。考えられているのは、理解――テキスト解釈以上のものである理解――の過程でわれわれの身に起こるものである。それは、われわれがいつもすでにかかわり合っている理解である。それゆえに、ガダマーの意味における解釈学では、「理解しようと思う者は事柄、伝承（Überlieferung）を話題にし、それらと結びつき、伝承が物語る伝統（Tradition）と関連するか、あるいは関連を獲得しようとすることから出発」しなければならない[143]。

われわれが理解しようと思うものや事柄は、われわれが事柄の方に向かう瞬間には成立していない。事柄は伝承から生じる。それは伝統をもっている。そしてわれわれは、意識しているにせよ、しないにせよ、それと結びついている。ガダマーによれば、解釈学の課題は、たとえそれが完全にやり遂げられはしないにせよ、この状況を解明することにある。しかしそれとともに、理解は伝承された事柄をよく知っていること（Vertrautheit）と馴染みのないこと（Fremdheit）の二元性（Polarität）からもたらされる断絶（Brach）に直面する。解釈学的意識は、「それがこの事柄と、伝統のびくともしない不滅（Fortleben）に当てはまるような、疑いのない自明の一致（Einigkeit）という仕方では結びつくことができないこと」を知っている。言い換えれば、問題になっている伝承された事柄は、われわれにとってよく知っていると同時に、馴染みのないものなのである。

この実情を、われわれは立場(Standort)の観点のもとでも明らかにすることができる。歴史的事件は、客観的事実として把握することができない。なぜならば、われわれはみずからの立場を無視することができないからである。それというのも、過去は現在の立場から知覚されるからだ。同時に、みずからの立場としては伝承の文脈のうちにある。今日われわれを形づくっているものは、われわれが今日思考し、行動するのと同じく、歴史的に刻印されている。歴史、歴史的事件、かつて考えられたものは作用を及ぼし続け(wirken fort)、現在にまで作用するからである。そのことをガダマーは「作用史」と解している。「すべての理解には、はっきり自覚しているにせよしていないにせよ、この作用史の作用が働いている[144]」。いまやこの状況を、解釈学的に自覚させることが重要である。「作用史的意識とは、まずは解釈学的状況の意識である[145]」。自己自身を完全に知り、見抜くことが不可能であるのに対応して、解釈学的状況を完全に解明することはできない。というのも、われわれはたしかに状況のなかにあり、状況の一部であるからだ。「しかし、この不完全性は、反省の欠陥にあるのではなく、歴史的存在としてのわれわれ自身の本質にある[146]」。

この点で、いまやガダマーは、われわれがそのなかにいて「見る可能性を制限する立場を表す」解釈学的状況を規定する「地平(Horizont)」について語る。「地平とは、ある地点から見ることができるすべてのものを包括し、包み込む視界(Gesichtskreis)である[147]」。厳密にとれば、ガダマーは三つの地平を参照するよう指示している。もっともそれは、われわれが現在の地平(Gegenwarthorizont)および伝承の地平

（Horizont der Überlieferung）と並んで、地平融合（Horizont-verschmelzung）を第三の地平として解する限りではあるが。

過去に属する何かについて理解するためには、それが語りかける歴史的地平に身を置く必要がある。したがって、カントが啓蒙をどのように考えているかを理解しようと思うならば、われわれは何がかれの歴史的状況を形づくっているのか、国家の権威と市民との関係はどのような具合であるのかを思い浮かべなければならない。われわれにあまり馴染みのない語が何を意味しているのか、カントがなぜ、かれの時代の政治的状況に直面して、思い切って自己‐思考（Selbst-Denken）を要求することができるのか等々、われわれはカントの思想世界に身を置かなければならない。しかし——それはガダマーの要求であるが——他者の地平に気づくだけでは十分ではないし、他者の立場を知るに至るだけではあまりにも不十分である。

「他人との対話において、その立場や地平を突き止めれば、あとでそのひとの意見は分かるようになるが、その人と理解し合う必要はない。それと同じように、歴史的に考える者にとって伝承の意味は分かるようになるが、しかし、伝承と理解し合ったり、伝承のなかで自己を理解したりすることはない。——どちらの場合でも理解する者は、いわば合意（Verständigkeit）の状態から身を引いてしまっている。かれ自身にはお目にかかることができないのである。他者の立場をはじめから、かれが言う必要のあることのうちに含めて考えることで、かれ自身の立場は確かに到達できない所に置かれている。[148]」

わたしがあるテキストを純粋に歴史的に理解しようと思うとき、テキストが言わんとしていることは、わたしには何の関係もない。それは、いわば著者にとっての要件にすぎない。

歴史的テキストとその著者の地平を、われわれは現在の地平から知覚する。われわれを規定し、かつわれわれが携えてくる先入見（Vorurteil）が、われわれの現在の地平を形成している。他者の状況に身を置くのと同じように、別の状況、歴史的状況に身を置くことができるために、いつもすでに自分自身の地平をもたなければならない。

「解釈学の課題は、［自身の地平と歴史的地平との］緊張を素朴な同化（Angleichung）のうちに覆うのではなく、意識的に展開することにある。このような理由から、解釈学的行動には、現在の地平とは区別される歴史的地平の構想が必然的に属している。歴史的意識は、自分自身の他者性を意識し、それゆえに伝承の地平を自分自身の地平から際立たせるのである。」(149)

両者の地平――自分自身の地平と歴史的地平――は、いわばそれぞれ固有の権利をもっている。それらは決して否定されてはならないし、平均化されてはならない。しかし、われわれは二つの地平を意識しなければならない。そして、それらは孤立しないで併存しているのである。なぜなら、それが作用史を形づくっているからである。一方では、過去がわれわれの現在のなかに入って活動し、他方で、過去の事件と例証（Zeugnis）がわれわれの現在の自己理解に基づいて気づかれ、解釈される。現在の地平と歴史的地平とが対になって、一つの全体を形づくっているのである。

「われわれの歴史的地平のなかに身を置くとき、それは、われわれ自身の世界と何の結びつきもない、見知らぬ世界に行ったような気持ちにさせること（Entrückung in fremde Welt）を意味するのではない。われわれの歴史的意識と歴史的地平はともに一つの大きな、内側から動く地平を形づくり、その地平は現前しているものの限界を超えて、われわれの自己意識の歴史的深みを包括している。したがって、実際にはただ一つの地平があるだけで、それが、歴史的意識が自分のうちにもっているすべてのものを包み込んでいるのである。(150)」

ガダマーはしたがって、ここである程度第三の地平、「大きな、内側から動く地平」について語っている。現在の地平は「絶えず形成しつつある」からである。それは過去なしには形成されない。

「獲得しなければならない歴史的地平が存在しないように、現在の地平もそれ自体では存在しない。むしろ、理解とは、いつもそのようにそれ自体で存在しているように思われる地平の融合の過程である。(151)」

けれども、この「地平の融合」は自動的には生じない。それは、つまり「作用史的意識の課題」として緊張を必要とする。(152)いまやそれによって理解は規定され、単なるテキスト解釈を越えて、またより深く進むものとして記述される。われわれがガダマーに対して冒頭で言ったこと、つまり、理解は解釈学的手続きの枠内での方法ではなく、実存疇であることが確認される。

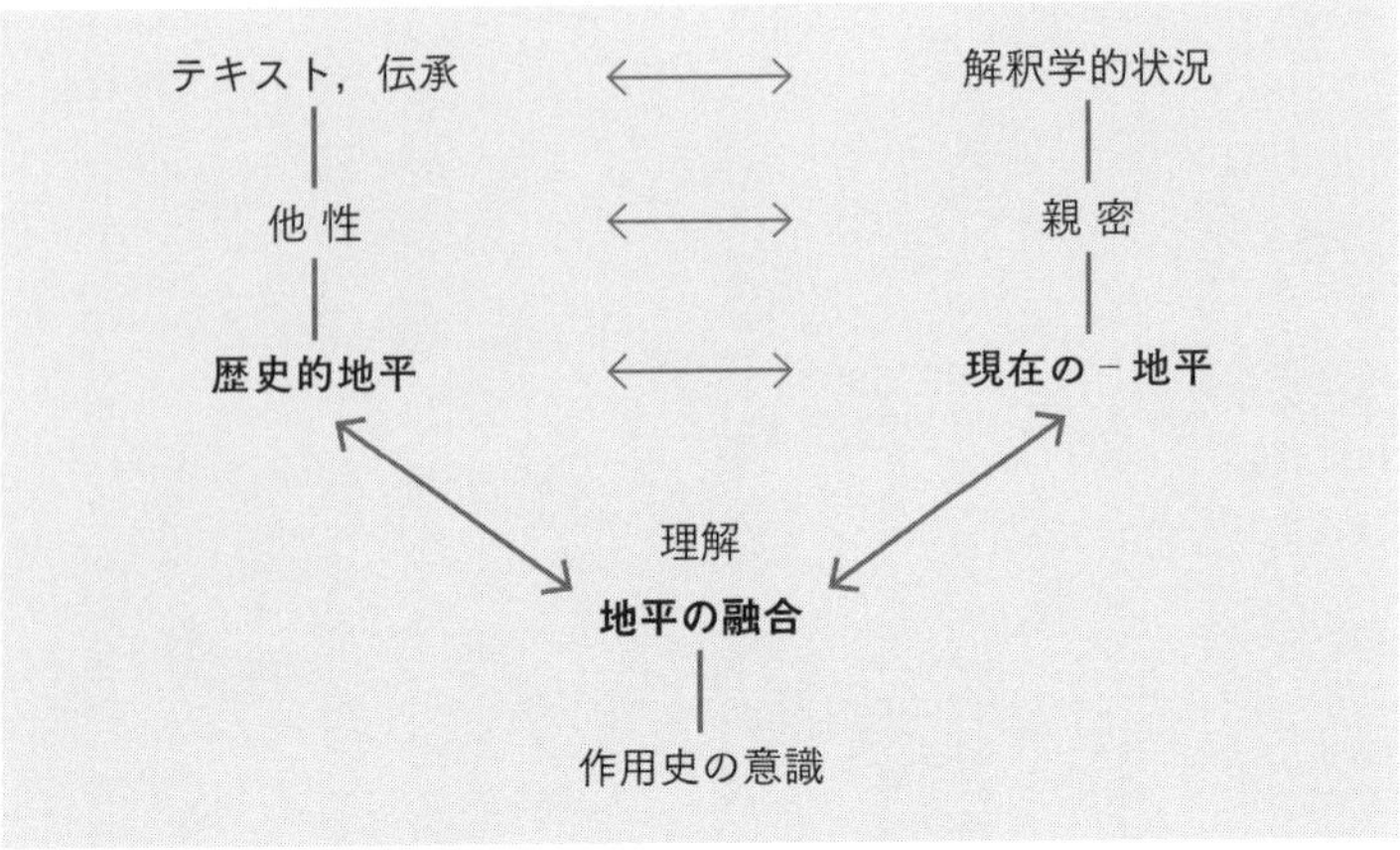

図表32　ガダマー：作用史の様相

ガダマーの意味での作用史の概念的連関を図表に描いてみることにしよう（**図表32**）。

5　簡単な総括と継続する問い

われわれは、シュライアーマッハー、ディルタイおよびガダマーという三人の著名な解釈学者を紹介してきた。もちろん、その紹介は示唆以上にでていないと言ってよい。なぜならば、かれらをより徹底的に理解するためには、集中的な研究が必要になるからである。とはいえ、その示唆によって、かれらの若干の根本思想が明らかになったであろう。シュライアーマッハーは解釈学的－テキスト理解の入り口を、二つの側面から見ている。理解は言語の全体性を顧慮しなければならない。そしてまた、著者の特殊な思考にかかわり合わなければならない。かれは、それを文法的解釈と「心理学的」解釈と呼んだ。あるテキストを理解することはそれゆえ、所与の言語を解釈すること、そして著者の思考を追体験することを意味する。

ディルタイは、この後者の観点を理解の「逆操作（inverse Operation）」と呼んでいる。かれはシュライアーマッハーとは違って、理解の過程をより包括的に、より深く進行する連関のうちに置いている。われわれはテキストに、行動に、人間の〈製〉作品に生の表現を認めなければならない。言語も生の表現である。われわれは行動や言語のうちに、生はみずからを表現する。したがって、理解は追体験（Nacherleben）になる。生の表現は、理解しつつ追体験される。このことは、われわれがみずからを――言語、行動、〈製〉作品において――表現するということだ。このことは、われわれが理解する共通性に基づいて可能となる。この共通性は、客観的精神によって与えられる。

シュライアーマッハーが一般的解釈学を目ざして努力し、ディルタイがその解釈学を生の哲学の枠内に見いだした一方で、ガダマーは、解釈学をハイデガーの現存在分析と関連させて構想する。ゆえに、理解はテキスト解釈以上のものになる。というのも、理解は実存疇であり、人間の生、「現存在」は理解の側から特徴づけられるからである。われわれは、理解することによって存在する。それは言語‐現象として起こる。言語を通して共通の理解に、つまり、話されている事柄の理解に接近するのだ。このことは数学的直接性（Direktheit）で実行されるのではなく、解釈学的循環の動きのなかでの接近としてなされる。ガダマーの解釈学は歴史的理解に集中しているため、地平融合としての理解が主要な意義をもってくる。

しかし、解釈学的理解においてはとりわけ、いやそれどころかもっぱら時間・時代の間隔（Zeitenab-stand）の橋渡し（Überbrückung）、現在の地平と歴史的地平との接近が問題なのだろうか。解釈学には「歴史的」解釈学しかないのか。いや、われわれは歴史的なテキストや事件や工芸品（Artefakt）だけを理解しようと思うわけではない。ガダマーの歴史的解釈学とは対照的に、現在の解釈学を問うことには意味があるのだろうか。テキストや、現代のまた別の「生の表現」を理解しようと思うならば、われわれは同様に、異なった考え方や文学形式および表現形式とかかわり合わなければならない。そのときひょっとすると、歴史的な観点——時間・時代の間隔および地平融合——の代わりに、翻訳のモデルがむしろわれわれの理解を助けてくれることになろう。現代のテキストも、解釈され、自国の言語から他国の言語へ「翻訳」されなければならない。そのときにはたしかに、いつでも言語と事柄の歴史的起源（Herkunft）も考慮でき、考慮されなければならない。「解釈学が前提しなければならないのは、理解しようと欲する者は、伝承とともに話題にされる事柄と結びつき、伝承が語る伝統とのつながりをもつか、あるいはつながりを獲得するものだということである⑮」。

現代にはさまざまな考え方が打ち出されているが、そのなかにはたとえば、リクールやハーバマスが解釈学の枠内で要求しているイデオロギー批判がある。ガダマーが、歴史の地平を認識していながら、現在その影響を受けないでいることは十分ではないと言うとき、そこにはイデオロギー批判をも含めてはいけないだろうか。たとえば、われわれは、国家社会主義によるユダヤ人の大量生産的な絶滅をめぐる文学的表現を単なる情報として受け入れられるだろうか。われわれの恐怖（Entsetzen und Grauen）はイデオロギー批判と倫理的な問いへと変わらなければならないのではないか。しかし、解釈学のなかでわれわれの態度はどんな場を占めているのだろうか。その場合——言語の文法的解釈と並んで——著者の思考を問題とする、シュライアーマッハーの「心理学的」解釈を利用することができるだろう。もとより、イデオロギー批判という思想は、シュライアーマッハーからはほど遠いものではあるが。

さらに、時間・時代の間隔を考慮することも、イデオロギー批判を含めることもできないが、むしろ文化－間隔（Kultur-Abstnad）に直面して理解しようと努める解釈学は、いかに構想されねばならないだろうか。というのも、本質的な文化間隔は、ただちに地平融合によって橋渡しをすることなどできないからだ。その場合、互換性のありえない、根本的に異なった（grundverschieden）地平が問題だからである。あるいは、「あらゆる人間的なものは理解可能である」と言うことで満足しようとするだろうか。そうでないとしたら、言語は理解の普遍的な媒介として十分なのか。そのとき解釈学は、リクールが示しているように、行動の理解について、あるいはフンボルトとともに「世界観（Weltansicht）」の理解について省察しなければならないのだろうか。(154)

第V章

現在と他者の理解

前章の終わりで、われわれは解釈学への手解きを超えていくような問いと問題について論じた。それらの問いには自覚的でなければならない。その上で、過去のテキストを解釈しようとするだけではなく、われわれの現在に由来する現実のものにも取り組みたい。そのとき、とくに現在の理解を反省する解釈学について問うことは意義深いことではなかろうか。ただし、これにはつねに起源について、つまり歴史的に現在がどうやってつくられてきたのかというパースペクティヴについても考慮する必要がある。まずもって、われわれは自分たちの文化的枠組みを見通して、開かれた感覚と謙虚さで異質な文化や社会に身を置かなければならない。その際明らかになり、われわれの理解とともに起こるものを解釈することになるだろう。それと同時に、われわれは可能な限りで自身の理解の限界を発見する。これらのことすべては解釈学にとって、どんな意味をもつだろうか。

1　テキストを解釈する——たとえば、リテルの『慈しみの女神たち——あるナチ親衛隊将校の回想』

解釈学的な意図をもって今日の小説に問いかけてみるが、フランス語で二〇〇六年に、ドイツ語では二〇〇八年に刊行されたジョナサン・リテル（Jonathan Littell, 1967–）の『慈しみの女神たち』〔ドイツ語：Wohlgesinnten、原題は Les Bienveillantes、古代ギリシャ神話のエリニュエス（erinys 復讐の女神たち）が和解を受け入れて、エウメニデス（eumenides 慈しみの女神たち）に変わったという物語に拠る〕を選んでみよう。これは、第二次世界大戦中のナチス親衛隊SS（Schutzstaffel）将校の話で、ユダヤ人および他の人々の殺害をめぐるその将校の取り扱いについて、そして最終的には、問いとなる出来事に対してのわれわれの態度表明について書かれたものである。

小説の時間枠は、一九四一年六月のソビエト連邦との戦争の始まりから、一九四五年五月初頭の第二次世界大戦の終結に至るまでに及んでいる。物語は空間的にベルリン、ポーランド、ウクライナ、ハンガリー、コーカサスからスターリングラードへ広がるが、途中パリと地中海のアンティーブへ寄り道する格好になっている。ウラルにまで及ぶ「大ゲルマン帝国」を創設するという、ドイツのもつこの戦争の意図を背景に、とりわけシステマティックにユダヤ人が大量処刑で殺害されてゆく。

小説の物語は、その加害者であるマクシミリアン・アウエ博士の身になって描かれる。かれは、最初は法律家になり、つぎにSS親衛隊保安部の一員になり、最後にSSの将校となる。戦後、かれはフランス北部に隠れ、レース工場の経営者を務めた。リテルの本のドイツ語訳は、一三八三頁あり、ナチス国家の組織に関する広範な注釈を含んでいる。章の見出しを使用して、内容をわずかな台詞とともに再構成してみよう。

「**トッカータ**（Toccta）」――マクシミリアン・アウエ博士が自己紹介するとともに、かれにスポットライトが当てられる。「わたしは自分の仕事をした。それ以上のことはしていない」。「罪悪感や良心の呵責といったものは関係ない」。「わたしがしたことは、強い信念をもち、状況の明確な理解のうえで起こったことだ。それはわたしの義務であり、避けられないことである。それがどんなに不快でもありつらいことであったかもしれないとしても」。「わたしはきみたちと同じだ！」あるいは逆に――きみたちもわたしと同じで、きみたちもわたしと同じように行動しただろう。

「**アルマンド**（Allemande）**I・II**」――アウエは、ユダヤ人、ウクライナ人、ポーランド人、ジプシーの大量殺戮の証人となった。たとえば、たった一か所で二万人が殺されている。かれは「方法に疑問」をもっており、銃殺に「ディレッタンティズム（Dilettantismus）」を見て取っている。そして、毒ガスについて「よりエレガントな手段」という認識をもっている。そのため、かれは調査し、それについて報告を書いている。

「**クーラント**（Courante）」――スターリングラードで、かれは一九四二〜三年にドイツとロシアの戦闘を直接体験した。戦線拡大による補給問題とドイツの敗北。頭を撃ち抜かれて、かれは重傷を負った。

「**サラバンド**（Sarabande）」――アウエは一九四三年の初めにベルリンに戻り、療養休暇のためその後、パリとアンティーブへ行く。アンティーブでかれは自身の母親とその新たな夫を殺害した。ベルリンに戻ると、SSの管理部で仕事をするようになる。

「**メヌエット**（Menuet）（ロンドー形式で）」――ベルリンでは、アウエはヒムラー（Heinrich Luitpolg Himmler, 1900–1945）、アイヒマン（Adolf Otto Eichmann, 1906–1962）とより密接な関係をもち、強制収容所への視察旅行に行く。繰り返しアウシュヴィッツ（Auschwitz）にも訪れ、同地での状況について報告している。かれは、その際収容者の労働力を保持するために栄養状態の改善を提言する。ハンガリーでも、かれは労働力としてのユダヤ人の保護に関心をもっていたが、ベルリンは増加していく連合国軍の爆撃にさらされていた。

「**エール**（Air）」――アウエは怪我のあと、療養休暇で西ポモージェ（Westpommern）〔ポーランド〕にある双子の姉の家に行き、そこで近親相姦と同性愛の空想を抱き、一人で数週間を過ごす。

「**ジーグ**（*Gigue*）」――SSの友人がアウエを迎えに来る。かれらはソビエトの赤軍から逃げなければならず、廃墟となったベルリンにおもに徒歩で戻る。アウエはかつての同性の恋人を殺し、最後にかれの長年の友人にも手をかける。

リテルの小説は非常に物議を醸したが、フランスでは、二〇〇六年のアカデミー・フランセーズ小説大賞とゴンクール賞を受賞した。シュテファン・メッシュ（Stefan Mesch, 1983–）は、ホロコーストの生き残りであるホルヘ・センプルン（Jorge Semprun, 1923–2011）のつぎの言葉を引用している。「わたしはこの本に打ちのめされた。それはわれわれの半世紀の出来事にほかならない[155]」。一方、ジュッセルベック（Süsselbeck）は二〇〇八年に、この本を「ナチスの抜け殻（NS-Schwarte）」と呼び、著者の「文学的無能力」を証明していると述べている[156]。ミチャ・ブルムリク（Micha Brumlik, 1947–）は、「ポルノグラフィからもってこられた文学的なゴミ捨て場、適切な物語のスタイルではないテーマ性、現代の歴史を読み込んではいるが、最後まで考え抜かれていない道徳哲学的断片[157]」と酷評している。テーヴェライト（Klaus Theweleit, 1942– ）は、つぎのように言う。「わたしはひどいものを予期していたが、やはりひどいものを手にした……ということがわかった。これ以外のやり方はないだろう。書くという方法では[158]」。それでも、この本の衝撃をメッシュはつぎのように認めている。「驚いたことに、わたしはとても楽しんだ」。それは文学的力量にではなく、露骨さ（Drastik）にであるともメッシュは言う[159]。一部の論評は、リテルの「絶対無比な正確さ」を証し立てている。「すべてが正しい。人々の名前や場所について」[160]。一方で、アイリス・ラディッシュ（Iris Radisch, 1959– ）はこう言う。「情報が貴重かどうかは問題にならないだろう。この本は単なる記録を使った文学遊びではないのだ。ナチズムの神話を困惑させるものかもしれない[161]」。招かれざる幻想的なポルノ、芸術的価値なき、大衆迎合的なキッチュ、ナチスの無駄話、文学的無能力、過度に投与された吐き気を催させるイメージ、傍若無人、無趣味、何も新しいことはない……これらは、この書を語るときに繰り返し何度も出てくるキーワードの一部であり、探せばもっと出てくる。この本の文学的な批評をまだ追加できるが、もうこれ以上はしない。わたしの関心を引くのは、つぎのような問いである。この書と解釈学はどんな関係にあるのか。もしくは、この本にどう解釈学的に関わるのか。

　さて、上記のような書評はたしかに、シュライアーマッハーからガダマーまでが書くような解釈学的論文ではない。けれども、それらは一つのテキストをめぐる解釈である。ここで驚くべきは、高い評価と過激な非難との隔たり、たとえばホルヘ・センプルンと、ミチャ・ブルムリクやアイリス・ラディッシュとの間のギャップである。それはどこから来るのか。哲学や法学のテキストとか聖書のテキスト解釈だけでなく、テキストやスピーチのまったく日常的な解釈では、直接的な事柄（Sach）の理解が問題となる。事柄そのものには、すぐに焦点が当てられる。ガダマーも事柄の意味・意義（Bedeutung）に繰り返し言及する。しかし、この事柄の直接性（Unmittelbarkeit）は、われわれがある物語や詩に関わり合っている限りで、文学的なテキストに存在しているわけではない。一つの事柄がその際にわれわれに物語りながら、伝達されている。したがって、われわれは一つの事柄について語っている一つの物語を扱っている。われわれが事柄を理解して、その根源を究めたいのであれば、われわれは二種類の理解能力（Verstehensleistungen）を発揮し、遂行しなければならない。すなわち、物語（Erzählung）と与えられたテキストを解釈する必要がある。そしてわれわれは、つぎの問いを探らなければならない。物語を通して事柄について著者が言いたかったことは何であったのか、何が伝えられるべきであったのか、という問いである。われわれの事例に関連させるならば、それはつぎのことを意味している。すなわち、マクシミリアン・アウエが物語るストーリーをわれわれはどう解釈すべきか。そして、リテルはそれで何を示したかったのか。このことに関して、ラディッシュは非常に正確かつ公正に強調している。「すべての不快な言動、すべての芸術的価値なき、大衆迎合的なキッチュ、すべての世界観的ナンセンスがこの本では気まずいほど詳細に展開されているが、それは、すべてアウエの名義（Konto）においてであって、つまりリテルの名義ではない」[162]。主人公のアウエのせいだとされる責任について、リテルを責めることは禁じられている。それにもかかわらず、アウエの物語を発明し、それを形づくるすべてのものでもって書いたのは著者としてのリテルである。リテルは、自身がSS将校をそうであってほしいと思うように特徴づけて描いた。それによって、かれはナチスとその行為についての自身の意見を述べている。そして、かれはわれわれを描写し、説明でわれわれを見殺しにする。ここがこの小説の挑発であろう。その理由と動機に、われわれ自身、根本的に取り組まなければならない。

一般的な解釈学――それは意味理解（Sinn-Verstehen）に関わる――と文学的な解釈学との本質的な違いは、文学的な解釈学が美学的な尺度をも適用するところにある。なぜなら、ソンディ（Peter Szondi, 1929–1971）が強調するように、(163)文学的解釈学はテキストの美学的性格を前提としているからだ。それによって、批評家は著者の作品の評価や悪評を根拠づける。それゆえに、リテルは同時に賞賛されたり酷評されたりすることになる。

われわれの解釈学的な関心からは、小説を、文体や美学から独立した文学的芸術作品として判断できないかどうか、またしてはいけないかどうかという問いが生まれる。リテルの書のテーマ群がもっている時代史的、政治的、社会的、そしてもとより倫理的な破壊力は、文学者の言う美学を無視することも要求する。しかし、あるいはリテルが非難される文体上の弱点と内容における挑発は、すべてリテルの意見を事実と強調する表現手段（Ausdrucksmittel）によるものとも解釈されうるし、されなければならないかもしれない。なぜなら、ラディッシュが見て取っているように、批評家によって提起された弱点と挑発は、作者ではなく、物語の主人公であるアウエに帰責されるだろうからだ。アウエが言い、考え、行うことは、リテルの意見と意図ではない。著者が事柄の表出（Darstellung）によって、悪魔の代弁者（Advokat）の役割を引き受け、それによってわれわれに態度決定をするよう挑発しているのである。

リテルの小説の文学的な解釈の代わりに、われわれは解釈学的な問いかけをいくつかしたい。(164)その問いかけは、読者がこの小説を理解する手助けとなろうし、逆に解釈学的観点の手法を性格づけることも可能になる。

リテルの意図とは何か。描かれているものに対するかれの意見、かれのメッセージは何なのか。かれは何を言いたいのか。これらの問いは、われわれがリテルを著者として真剣に受け止めていることを前提としている。われわれが否定的な偏見を支持するならば、かれは何も言うことがなくなってしまうし、その表現の方法は拒否されるだろう。そうしてわれわれは、かれとの内容的な対話を断ち切ってしまう。しかし、真剣に受け止めることを、いくつかの事実が後押しする。リテル自身、ユダヤ人である。そしてユダヤ人の組織的な殺害を「アクション・ストーリー（action story）」の「素材（Stoff）」として見なすことにはまったく興味がない。かれは加害者（Täter）に身を置き、そして加害者を、第三者である外部からと、その張本人という内部からの両方で想像したものを説明する。加害者がそう行動する理由、かれの考え、かれを動かしているものは結局答えられることがなく、われわれが読者として動機の解明を求めても、何のカタルシスももたらしてはくれない。しかし、われわれの満たされない期待は観察者、したがって読者の視点であって、罪を負った加害者のそれではない。読者の視点は、かれの視界に汚点（Fleck）があることを教えてくれる。加害者として、かれは自分自身を完全に反省することができず、無責任、つまり「きみたちもわたしと同じだ」という態度のなかに逃げ込むことしかできない。アウエはナチスのメンタリティを具現化している。どうしてユダヤ人やその他の人々は殺されるのか、またどうしてそれが許されるのかと問うことがないのである。かれは「義務の遂行」と盲目的な服従によって思考し、行動する。この姿勢とメンタリティは、アウエが「教養人」であること、博士号をもっていること、無数の熟慮によって自己を正当化すること、クラシック音楽、古典文学と古典建築を愛好することによっても、より挑発的に強化される。とりわけリテルがわれわれに間接的に、そしてさりげなく語りかけてくるのは、「教養・陶冶（Bildung）」は非人間性からの防御にはならないということである。もしそうだとするならば、それはどんな「教養・陶冶」なのか。

われわれの解釈学的な関心事は、文体と美学に関係なく、小説を文学的作品として評価できないか、評価してはならないのかを問うことである。リテルの書物におけるテーマの時代史的、政治的、社会的、もとより倫理的爆破力（Brisanz）はまさに文芸学者の美学を無視することをも要求する。しかし、リテルが非難の的となっているすべての文体の弱点と内容の挑発も、あるいは事実に対する意見を強調する表現手段によるものとも解釈されうるし、また解釈されなければならないかもしれない。なぜならば、批評家によって申し立てられた弱点や挑発は、著者ではなく、アウエという物語る主人公のせいだともされるからである。ラディシュもそう見ていることである。アウエが言い、考え、行うことは、リテルの意見および意図ではない。著者は事実の表現でもって悪魔の弁護士（Advokat）の役割を引き受け、それとともにわれわれに態度決定をするように挑発している。

リテルの小説の文学的解釈の代わりに、われわれは若干の解釈学的問いを提出したい。それらの問いは、この小説の理解に役立ちうるし、逆に解釈学的視界を特徴づけるのにも寄与する。

リテルの意図とは何か、かれの表現されたものに対する意見、かれのメッセージは何なのか。かれは何を言おうとしているのか。これらの問いは、われわれがリテルを著者として真剣に受け止めていることを前提としている。もしわれわれが否定的な偏見に基づいて決断するならば、かれは何も言うべきものをなくしてしまうし、かれの表現の仕方が拒絶されるだろう。そのときわれわれは、かれとの中身のある対話を遮断してしまうことになる。しかしながら、やはり若干の事実が真に受け取られることになる。リテル自身、ユダヤ人である。そしてユダヤ人の組織的な殺害を「アクション・ストーリー」の「素材」と見なすことにまったく興味がない。かれは、加害者個人の身になって考え、第三者によって外からかれに関して、また、かれのなかになんとなく感じ取ることのできるものを記述する。加害者がなぜそのように行動するのか、かれが何を考え、何がかれを動かすのか、結局答えられないままであり、したがって不満足なままである。それというのも、われわれは読者として動機の解明を期待するからである。しかしながら、われわれの満たされない期待は、観察者、したがって読者の観点のせいであって、加害者のそれではない。なぜならば、加害者は、かれの視界の盲目的な汚点にまみれて報告しているからである。かれは加害者として自分自身をまったく反省することができない。かれは、ただ無責任、つまり「きみたちもわたしと同じだ」という態度のなかに逃げ込むことしかできない。アウエはナチスのメンタリティを代表している。それゆえ、かれは、なぜユダヤ人や他の人たちが殺されるのか、またなぜそれが許されるのかを疑わない。かれは「義務の遂行」と盲目的な服従によって考え、行動する。この態度とメンタリティは、アウエが「教養人」であること、博士号をもっていること、多数の熟慮によって自己を正当化すること、かれはクラシック音楽、古典文学と古典建築を愛好することによっても強められる。とりわけ、リテルがわれわれに間接的に、そしてさりげなく語りかけるのは、「教養・陶冶」は非人間性からの防御にはならないということである。問題は、それはどんな教養・陶冶なのかということである。

われわれの解釈学的な関心事は、[165] 著者の意見、つまり内容の意味を問うことである。リテルは「トッカータ、アルマンド、クーラント……」と組曲にちなんだ小説の章タイトルをつけている。また、この本の献辞には「死者たちのために」と書かれている。かれはある舞踏について、結局それは死の舞踏と表現されるだろうと告げている。アウエがわれわれに伝えるその内容に直面するや、この曲目は不気味な印象を与えるが、そこには著者の挑発が含まれている。リテルがアウエにわれわれの前で繰り広げさせる物語は、死を思わせるような、挑戦的なものではないだろうか。われわれは、著者が何を言いたいのか、どんな意見をもっているのか、どんなメッセージを発しているのかという、解釈学的問いへの解答を、そこで受け取ってはいないだろうか。しかし、すぐに反論の声が聞こえてくる。これは何も新しいことではなく、われわれはすでにナチスと戦争の歴史を知っているではないか、と。事実は、たしかにいくたびも記録され、説明されてきた。けれども、確信犯的な加害者の立場から見るとどうなのか。それは特殊なものであって、たとえばエドガー・ヒルゼンラート（Edgar Hilsenrath, 1926–2018）が一九七一年に発表した小説『ナチと理髪師』（Der Nazi & der Friseur）で、このことを示そうとしている。[166] リテルはしたがって、われわれを戦争という既知の出来事よりも最優先に、加害者と対決させるのである。

われわれは読者として、この小説に意味があることを解釈学的な視点で把握しようとしているかどうか、問わなければならない——つまり、それはどういう意味なのかということである。または、われわれがこうした加害者の行為や動機、ユダヤ人嫌いにはたして説明を——つまりなぜそうなっているのかという——期待しているのかどうかということについても問うべきだろう。その際にアウエが採用し、十分に展開したナチスのイデオロギーはある意義をもち、かれの行動の「論理」となっている。このイデオロギー、つまりかれの思考と行動、そしてその同僚の思考と行動が普遍妥当的‐倫理的正当化の意味で意義をもつのかどうかは問われることがない。それゆえわれわれは、なぜというわれわれの問いに答えを受け取りは

しない。ナチスのイデオロギーの意味作用と論理の枠組みでは、人々の殺害は完全に正当化される。それは価値のない人生であるからだ。したがって、アウエには原理的な良心の咎めはない。

まさにこのような論旨は、いわゆる「ヘッカー・アルバム（Höcker-Album）」によって劇的に示されている[167]。アメリカの諜報員が一九四五年六月、フランクフルトの放棄されたアパートでフォトアルバムを見つけた。しかし、それがアメリカ合衆国ホロコースト記念博物館に寄託されたのは、ようやく二〇〇七年に至ってからだった。その写真集は、アウシュヴィッツ゠ビルケナウ最後の司令部の副官であったカール・ヘッカー（Karl Friedrich Höcker, 1911–2000）の作成したものである。アルバムの一一六枚の写真は、「アウシュヴィッツ――SSのレンズを通して」――ここではこのSSを日常の、平凡な人々（Alltagsmenchen）としての加害者と考えたい――として、当博物館で展示されている。その写真からは、つぎのようなことが分かるだろう。

「無害でありきたりの余暇活動を楽しんでいる外見上「普通の」男性［および女性］――かれらは歌ったり、犬と遊んだり、友人たちとグラスを傾けたりしている。しかし、時間と場所は、無害でもありきたりのものでもまったくなく、写真の大部分は一九四四年六月から一二月までのアウシュヴィッツ強制収容所の現場で撮られたものである――まさに一日に最大一万人の犠牲者を出した大量絶滅が最高潮に達した局面である。一九四四年五月から七月の間に、ドイツ人は三〇万人以上のハンガリー系ユダヤ人を「ガスで殺した（vergasten）」。［…］――殺害機械が本格稼働している間、ヘッカーのアルバムのなかのSSの役人とお付きの女性たちは、夏の遠足、ピクニックを楽しみ、ふざけ、摘み立てのブルーベリーをほおばっている。かれらが職務とプライベートをまったく苦もなく混同していることには驚かされる。それこそが写真をとても重要なものにしている。(168)」

リテルが主人公のアウエに託して文学的に描写していることは、ヘッカー・アルバムの写真が鮮やかに目に見える形で示している。殺人と人間への底知れぬ軽蔑は、SSの官吏にとって日常的で自明なことである。「勤務」は「プライベート」を侵害しないし、その逆も同様である。各個人は、かれらの任務にまったく問題を感じていない。ここでわれわれは、なおも別個に論じる解釈学への問いに注意するよう指示される。つまり、解釈学は、解釈されたことの倫理的な観点について、目と耳をふさぐことができるか、またふさいでもよいかという問いである。

そこで、われわれは解釈学的な観点において、テキストに対する「なぜという問い（Warum-Frage）」を意味のある局面から区別しなければならない。解釈学的には、事実、つまり原因や理由の説明ではなく、与えられ、言われたことの理解が重要なのである。同様に、解釈学的には、心理学的な理解と意味の理解とを区別しなければならない。心理学的にも美学的にも、われわれはアウエが叙述するものによって感情を左右される。つまり驚愕させられ、吐き気を催させられる。しかし、そのような自分の感情によって、著者が言いたい、見せたい「事柄」に対する見方を曇らせてしまう。われわれは描かれているものに対する自身の嫌悪感に支配されてはいないか。もしかしたら、「事柄」を理解することを諦めてしまっているのかもしれない。それとも、作者を理解しようと欲するのか。ここでも、解釈学的に解釈することへの問い、すなわち解釈と説明から個人的な当惑（Betroffenheit）を度外視することができるかどうかが問題である。

解釈学の規則では、意味・意義は、もち込むのではなく引き出されなければならないとされている。すなわち、「意味は足されるのではなく、抽出されなければならない（Sensus non est inferendus, sed efferendus）」[169]。したがってわれわれの事例では、リテルの言いたいことを理解しようとしなければならないが、われわれがリテルに期待するものを指定してはいけないということになる。このような期待は、第三帝国におけるユダヤ人の絶滅、戦争の出来事、国家社会主義のイデオロギーについてのわれわれの事前知識と関係がある。しかし、われわれの期待は否定的な意味[170]での前判断からも成り立っている。われわれは、リテルが提示するものとは異なるイメージをナチスの加害者についてももっているかもしれないし、望んでいるかもしれない。リテルの最大の関心事は、加害者のプロフィールである。その際、批評家がリテルを非難する言葉、「何も新しいものはない（nichts Neues）」は枠組み上の出来事である。解釈学的問いは加害者の像に向けられている。われわれは、著者がどのように加害者を描いているかを理解しているのだろうか。それとも、さほどポルノ的ではなく、あまり知的でなく、より自己批判的で、おまけにイデオロギー批判的でさえあるような、われわれがより気に入るような像が描写されているのを見たいのだろうか。

　ガダマーの解釈学は、自らが「歴史的解釈学」に立つという自己認識を示すものである。ガダマーにとっては「時間の隔たり」が重要であり、その文脈では「作用史」が重要である[171]。では、リテルの小説『慈しみの女神たち』は歴史的な作品だろうか。このテキストはそうではない。というのも、オリジナルのフランス語版は二〇〇六年、つまりわれわれの時代に出版されたものだからである。その一方で、アウエの報告は七五年前から七九年前のもので、歴史を伝えるものである。よって、その小説には歴史的な文脈への理解がある。それを描くために、一九世紀のナショナリズム、一九一九年以降の政治的な運動としての国家社会主義、古代からの伝統をもつ反ユダヤ主義が登場する。しかしながら、それらの多くは現在に至るまで引き継がれている。生き残った被害者と加害者、ネオナチ、反ユダヤ主義、右翼ポピュリズム。起こった出来事とその結果に継続的に向き合うことが必要になってくる。最後まで「終止符（Schlußstrich）」はありえず、「時間の隔たり」はありえないという確信と決断をもたなければならない。したがって、小説の「素材」は意義と作用のなかに、われわれの真只中に存在する。たとえ数年前の出来事であっても一定の行為が過去のことであるというだけでは、歴史的なものではない。しかしこのことは、ここでは解釈学的な問題、何を解釈し理解したいのか、という問題となる。まずはテキスト、作品が第一である。まずはリテルであり、二番目にアウエである。このことは、理解の助けとなる。著者が何を言いたいかを理解するのが重要である。歴史的な素材と現代の表現と当惑が密接に絡み合うことは、ガダマーの言う「時間の隔たり」というテーゼに対して何を意味するだろうか。現在の解釈学は、歴史的素材がなくてもやっていけるのだろうか。

　繰り返しになるが、ここではリテルの小説の詳細な解釈は意図されていない。もしそれをやろうとするならば、長大な論文が必要となるだろう。そうではなく、ここでの課題は、解釈学の手順や問いを特徴づけ、それらを文芸批評と区別するためのいくつかの論点をはっきりさせなければならないということである。[172] このようなわたしの見解には、一つの疑問が未解決のまま残されている。解釈学は、個人的当惑や倫理的な態度決定にどのように対処するのか。たしかに、解釈学的な解釈はテキストと著者の意見に焦点を当てるべきである。しかし、とくにリテルのこの小説は、描かれている内容や主人公アウエの態度からして、われわれが放っておくことのできないものである。わたしは、「言われたことを解釈学的に理解した、けれども、わたしには全然関係のない話だ」とは言うことができない。このことは、解釈学的な手続きに

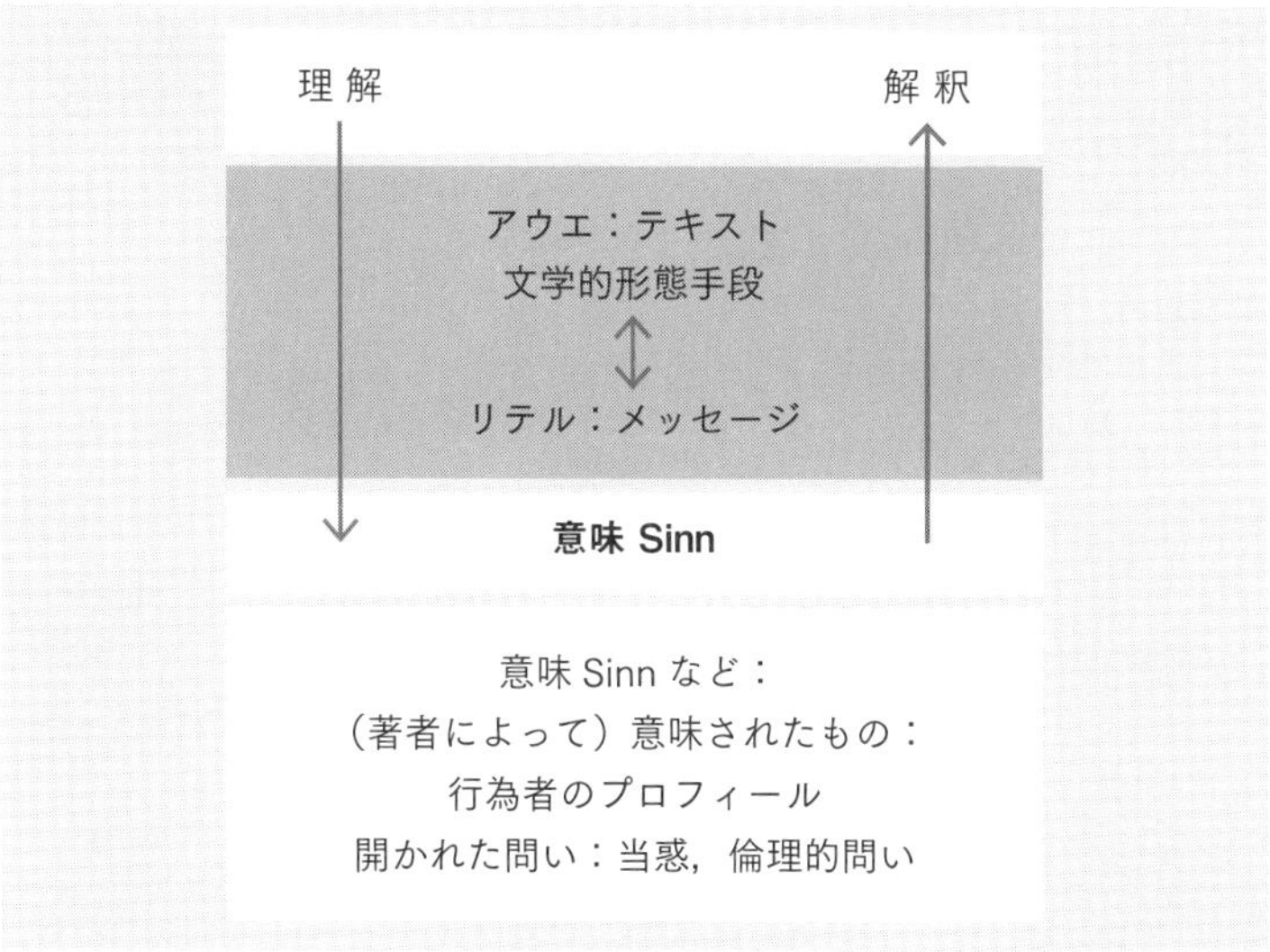

図表33　小説の解釈

つぎのような疑問を呼び起こす。読者と解釈者の倫理的な態度決定は、解釈学のなかでどのように位置づけられるのか。この問題は、たんに事柄への関係、表現の論理、文法的な解釈、著者の作品における内容の分類にのみ関与するのではない。たしかに、解釈はこれらすべてを考慮に入れなければならない。けれども、事柄への関係は――ここでは最終的な責任を回避する加害者への関係であるが――わたしの倫理的な態度決定に挑戦する。解釈学において、倫理はどのような位置を占めるのか。この問いは、とくに文学的解釈学に関わるが、それは「生活の座（Sitz im Leben）」を参照するよう指示する神学的解釈学や、具体的な事件に基づいて法律を解釈する法学的解釈学と類似するものである。

　小説の解釈学的理解と解釈は、上のように図式化して把握することができる（図表33）。

　リテルの『慈しみの女神たち』は、わたしを個人的に困惑させる。わたしは三歳のとき、一九四五年一月一七日、家族と一緒に逃亡していた。われわれ家族は、すし詰めの難民列車でおそらくポーランドのグリヴィツェ（Gliwitz）の鉄道駅を経由したのだが、小説はまさにその瞬間を描いている。もちろん、全体としてはあまり意味をもたない些細なことである。しかし、そのことはアウエが体現する恐ろしいイデオロギーの結果としての運命的な当惑を明確にしている。クルト・キースター（Kurt Kister, 1957–）[173]も、まったく同じ出来事ではないにせよ、個人的な困惑を経験している。すなわち子どもの頃、かれはかつてのダッハウ強制収容所から二キロ離れた射撃場の近くに住んでおり、そこで遊び仲間と一緒に過ごしていた。そこでは——三〇日から五〇日にわたって——一日に一〇〇〇人から四〇〇〇人のソ連軍捕虜が銃殺され、その後、強制収容所の火葬場で焼かれた。ドイツ人のなかで、まさに近親者が国家社会主義ドイツ労働者党（Nationalsozialistische Deutsche Arbeiterpartei）の党員でなかった者、あるいは、兵士として戦争に参加しなかった者がいるだろうか。また、そのような個人的当惑や直接の関わりから自分自身を遠ざけることができる者がいただろうか。クルト・キースターはリテルの小説について、こう記している。

「まさにドイツ人の読者がこの本の主人公、主題、設定に親近感を抱いているからこそ、アウエの怪物のような性格傾向とリテルの過激な口調が時として激しく拒絶されるのかもしれない[174]」。

この小説が挑発しているであろうさまざまな当惑は、話題となっている「事柄」を個人的に近いものにする。それは、遠く離れた抽象的な空間にとどまるものではない。距離を置いた解釈学的理解を超えて、解釈者は、そしてわたしもまた態度決定を求められる。解釈学的解釈は——少なくともここで扱っている、リテルがはっきり示しているようなケースでは——、倫理的な態度決定に移行（übergehen）しなければならない。このような状況のアナロジーは、たとえば法律の解釈学に見出される。そこでは、テキストとして提出されている法律が具体的な状況、つまり評価されるべき人に関して解釈する。理解されたことは、状況に応じて「適用」される。リテルの小説の理解に関しては、個人的な当惑があってこそ、完全にテキストの意味・意義を突き止める（eindringen）ことができるのだ。

　序章からすでに、そして何度も何度も、アウエはわれわれを自分の側に引き寄せようとしている。われわれもかれの側にいるので、かれの視点に立つことができる。かれには個人的な決断や責任はない。われわれは義務があるからそうするのであって、他の選択肢はない。波に浮かぶコルクのように、われわれは運び去られていく。わたしもあなたたちと同じだ。あなたたちもわたしと同じなのだ。これは悪魔の洗脳教化である。アウエが悪魔なのか。いやリテルなのか。わたしの考えでは、著者はここでは悪魔の代理人である。そしてわれわれは、その罠にかかってしまう危険性がある。

　アイリス・ラディッシュは批評のなかで、リテルがナチスの加害者の動機については解明しないことへの失望を語っている。その深層心理は、「未解決の謎」のままであるという。しかし、われわれはこの一人称の語り手から何か他のことを期待できるだろうか。突然浄化されたかれが、ユダヤ人などは生きるに値しないから殺さなければならない、ナチス・ドイツ人にはその権利があることが原理的にも当然のことのごとく正しいという理由をわれわれに説明するわけだが、これは許しがたい錯誤ではないのか。リテルは、主人公の助けを借りて、われわれの眼前に国家や世代全体の多数派の倫理的志向がなぜ機能しなかったのかという問いを突きつける。この問いに対する回答、対決はわれわれに託される。わたしを含めて、一人一人が態度表明をしなければならない。

現代のポピュリスト、外国人排斥者、反ユダヤ主義、ネオナチは、ドイツや諸外国がそうした問いに十分な説得力をもって答えられているのかどうか、もしくは、この問いに対する倫理的な対決への一般的な準備を有しているのかどうか、という疑念をわれわれに抱かせる。[175]

2 われわれは他なる文化を理解しているか

解釈学はテキスト、ここでは話されたもの——たとえシュライアーマッハーが一般的に「語り（Rede）」について論じているにせよ——というよりはとくに書かれたもの、テキストの解釈に関わる。ガダマーが解釈学上の挑戦としての「時間のずれ」にしばしば言及しているにもかかわらず、シュライアーマッハーでは、馴染みのある言葉や慣れ親しんだ生活世界が——ほとんど当たり前のものとして——前提になっている。解釈学的解釈の特殊なケースとして、外国語から慣れ親しんだ言語へと翻訳しなければならない場合が考えられる。われわれは、翻訳が解釈学的解釈のモデルとなることを見てきた。しかしそうであっても、多かれ少なかれ馴染みのある人生の世界で活動することが、暗黙の了解となっている。

しかし、もしも生活世界が馴染みのないものであったら、つまり理解が異質な「地平」に求められる場合は、どうやって理解が可能になるのだろうか。わたしはエジプトでの仕事と生活を始めて三年目に、以前と同じようにフランスへ休暇に出かけたことがある。そのとき、驚くべきことに、もはやフランスはわたしがそれまで感じていたのとは異なり、あきれるほど「異国」ではなくなっており、エジプトを背景にすると「わが家」のように感じたのである。エジプトに比べて、フランスの生活や人々はわたしにとって馴染みの存在であった。わたしはフランスに長く住んだことはないが、しかし、たしかにエジプトには住んだことがある。ドイツ人にとって、エジプトとフランスの生活世界の違いとは何なのか。たしかにそこにはフランス語とエジプト・アラブ語という言語の違い以上のものが大きく関わっているに違いない。エジプト人の生活世界がドイツ人にとってはフランスのそれよりも異質なものである理由としては、さまざまな要素が挙げられる。アラビア語やイスラム教はもちろんのこと、何よりも生活様式、古代のファラオや近代のコプト〔エジプト古来のキリスト教会の信者〕やトルコの影響を受けた歴史、国土や砂漠に命を与えるナイル川のあの特殊な地理的状況などもそうであろう。しかし、これらは違いやよそよそしさ（Fremdheit）を説明する要素である。それでもって、われわれはエジプト人のメンタリティを理解したことになるだろうか。すでに見たような説明は原因や理由を提示するものだ。しかし、理解が意味‐理解と定義される限り、エジプトの特殊性が理解されたことにはならない。

　われわれは異文化を理解しているのだろうか。わたしは、これは限られた範囲でしかできないことだと言いたい。といっても、われわれは異文化と完全に対立しているわけではない。しかし、そこには理解の限界という経験がある。自分の主張を確固たるものにするにあたって、わたしはみずからの経験を語る二人の著者を参照した。元ケニア大統領ジョモ・ケニヤッタ（Jomo Kenyatta, 1893–1978）は、ヨーロッパ人がアフリカ人を理解することの難しさを語っている。

「アフリカの心を知ったという自信は、よくつぎのような言葉にあらわされる。「私はアフリカ人のあいだに何年間も住んできたので、彼らのことをよく知っています」。だが、これは真実からはほど遠い。なぜなら、アフリカ人のあいだに〈住む〉ということと、アフリカ人を〈知る〉ということのあいだには大きなちがいがあるからである。あるヨーロッパ人が、アフリカ人の生活の外面的なこと、親族や階級わけの制度、独特の芸術や絵画的な儀式についてなにほどかのことを知ることはできるが、それではまだ問題の真髄に達していない。［…］一言でいえば、ヨーロッパ人のその教師は直観的な傾向をもつけれども、幼いときから慣習的な考え、世代から世代へとうけつがれ、アフリカにいるヨーロッパ人には不合理とはいえなくてもおよそ無縁な自己表現の抑制や形式を教えこまれたアフリカ人を理解するのには失敗するものなのだ。」[176]

バルトロメウス・グリル（Bartholomäus Grill, 1954– ）はアフリカ特派員としての四〇年を振り返り、その結論として「アフリカについて、われわれはすでに何を知っているのだろうか」と問いかけている。[177] ケニヤッタとグリルは、「非‐理解（Nicht-Verstehen）」や「理解の限界」について語っている。なぜそうなるのだろうか。なぜわれわれは、他なる文化を完全には理解できないのか。わたしの例は、アフリカに関するものだ。しかしそれは、あくまでも一例でしかないことを理解されたい。というのも、世界の遠く離れた場所では、われわれは同じようなよそよそしさを経験することになるであろうし、そこから逃れることはできないからだ。問題は、複数の文化を理解するということであり、たんに言語だけの話なのではない。また、われわれは「事柄」をも理解したいと思うし、理解する必要がある。たとえば、石のピラミッドはどんな意味をもつのか、その目的は何なのか、われわれはそれを理解しようと試みている。そこには、人間が作ったものを解釈するという問題があった。文化的なものを理解しようとするとき、われわれは人工物、態度、信念、社会的・政治的行動について問いかける。言語に限らずこれらにも意味があり、対象として、意義や目的を有している。わかっていること（das Zuverstehende）もわかっていないこと（das Nicht-Verstehen）も、ここでは差し当たり、言語－以前のものである。われわれは石のピラミッドを目印（Markierung）として認識している。しかし、何のための目印だろうか。このような疑問や理解したいという気持ちが、事柄を言語的な領域に招くことになる。このことから、他なるものの理解（das Fremd-Verstehen）が解釈学的な問題となる。[178]

　テキスト－解釈学としての解釈学は、言語から出発し、事柄を把握し、理解しようとする。「思考された事態（Sachverhalt）［…］と言葉は、もっとも緊密に互いに関係をもつものである[179]」。言語以前に遭遇する文化的なものを理解しようとする限り、われわれが何よりもまず把握するのは、（人間の）現実とその意味作用である。理解は、テキスト解釈のように言語にではなく、事柄に基づくものである。事柄において意味をもつものとして解明されるものは、言語で定式化できるものである。さらに言うならば、言語で把握しようとするならば、理解は言語外においても言語の出来事となる。[180] 逆もしかりで、デマリーンク（Christoph Demmerling, 1963–〔フリードリヒ・シラー大学の理論哲学教授〕）が注視したことであるが、言語を理解しようとするならば、言語と実践、言語と発話者および聴取者を結びつけなければならない。[181] このように他なるものをその意味において理解しようとしたとしても、われわれの言語は時折過ちを犯す。明確に言語から出発するシュライアーマッハーは、こう確認している。

「語りの理解が一般的に文の性質から生じるとすれば、一般的な解釈学はたしかにうまく働く。ただし、思考行為としての文の性質はどの言語でも同じであるが、文の取扱い（Behandlung）はそれぞれに異なる。

文の取扱いの違いが大きくなればなるほど、一般的解釈学の領域は限定されていく。また、一般的解釈学の領域にはより多くの違いが出てくる。[182]」

シュライアーマッハーはこのように、理解が単純に言語の違いによって制限され、それによって疑問視されうるという問題を参照するよう指示している。一般的解釈学は、われわれの言語とそれによるわれわれの理解は限界に直面する。言語の違いという観点では、すでにわれわれは「他のもの（Fremde）」ではなく「異種性（Fremdartigkeit）」と適切に表現した。

これを詳しく説明するに先立って、テキストではなく現実、つまり事柄を出発点とするような、いくつかの解釈学上の領域に言及しておかねばなるまい。なぜテキストではないかといえば、テキストを出発点にすると、異種性は決して問題にならないからである。[183] たとえば、考古学者が発掘物を解釈してはじめて、それが石のピラミッドであると分かる。つまり、ピラミッドという言葉自体が対象物の解釈ということになる。また別の例では、建築の意味作用を解釈するとき、他の場合では対象性（Gegenständliches）は歴史的なものではありえない。[184] ガダマーは『真理と方法』の第一部を、自身の解釈学の出発点として、芸術から論じている。そこでは例として、芸術や音楽における再生的解釈（reproduktive Auslegung）が語られる。[185] 音楽の解釈学的解釈については、楽譜が演奏によって聞こえるようになるという意味で、音楽が実践的に解釈されなければ音楽は現実的ではない、ということが指摘できるだろう。それぞれの演奏は、音楽家が理論的に順次基礎づけていく一定の解釈を記録する。オーケストラのリハーサルを、われわれは解釈学的過程のように理解する。言葉による説明と聴取可能な音楽によって、譜面から演奏へ、また演奏から譜面へと翻訳されるのである（ein Hin- und Herübersetzen von Notenschrift）[186]。解釈学の別領域は、教育学的な出来事の解釈にも見られる。それは教育学的解釈学[187]である。最後に、反ユダヤ主義、外国人排斥、右翼的過激主義のような社会的・政治的現象の解釈と理解にも解釈学の領域は及ぶだろう。リテルの『慈しみの女神たち』で確認したように、そのような事象の解釈学的な解釈は倫理的な解釈、そして価値への問いに移行しなければならない。

ここまで暗示してきたすべての領域は、多かれ少なかれ馴染みのある生活世界の枠組みをなす、前言語的現実の解釈と理解に関わるものである。前言語的なものを言葉で把握しようとすることによって、われわれはその時々の意味に近づこうと努力する。このことは概して、知覚された理解と分節された理解の間を行き来することで行われる。理解しようとする事象がわれわれの身近な世界の一部であればあるほど、その意味に近づくこと、つまりより適切に理解することができる。

しかし、われわれに問われているのは、他なる文化を理解しているかどうか、いや、むしろ理解できるかどうかということである。このようにして、われわれは問いの立て方を、解釈学的なテキスト理解から文化的なものの理解へと拡大させることができる。このような文化的なものの理解が必要になると思われるのは、言語だけを解釈するのではなく、そもそも何について語っているのか、つまり何を「事柄」にしているのか、そしてまた馴染みのない文化について解釈したい場合なのである。われわれは、この理解が純粋に学術的な問題なのではないことを意識すべきだろう。というのも、具体的な社会的、政治的問題がわれわれに突きつけるのは、慣れない文化を理解することへの問いだからである。他なる人々、外国人や難民がわれわれと一緒に暮らしている以上、この問いはアクチュアルなものになる。しかし、社会の一部は、かれらを拒絶し、疎外し、敵視している。この拒絶反応の一部は、理解のなさに起因している。この理解のなさは、意志の欠如と並んで、拒絶された人々の異質性に基づいている。もっと深いところにまで突き進むと、このよそよそしさは、すべての人は究極的にわたしには近づけないといった確信や、わたし自身がわたしにとって他なるものだという確信として存在しているものである(188)。理解の能力と並行して、理解への意志が求められている。これは理論的なことだけではなく、何よりも、日常的な他者との出会いのなかで実践的な意味をもつ。しかしながら、ブレデラ(Lothar Christian Bredella, 1936–2012〔ドイツの言語学者。ドイツ外国語研究協会会長〕)がとりわけ指摘しているように、理解への意欲は権力への意志、支配への意志の表われであってはならないのである(189)。

まったく異なる文化の違いから生じる異質性について語ることには意味がある。日本人、インド人、タンザニア人は――わたしの出自からして――ヨーロッパ人やアメリカ人よりも、われわれを隔てうるさまざまな違いによって、他なる、さらに言えば本質的に他なる存在である。他なる文化を理解することへの問いは、異質性を理解することの問いになる。ガダマーは、「歴史的解釈学」の意味での「時間の隔たり」について語っている(190)。歴史的な時間の隔たりは、作用史的に解釈される。しかし、理解への挑戦(Herausforderung)が歴史的な距離ではなく、文化的な異質性によって生み出されるのであれば、われわれは文化的な隔たりについて語らなければならない。これは――おそらく――歴史的な隔たりではなく、むしろ現在における隔たりとして現れている。したがって、理解の問題は現在と歴史の地平ではなく、身近な文化と異質な文化の地平の一つとなる。また、これは世界間の隔たり、つまり身近な世界と異質な世界との間にある隔たりと言うこともできる。なぜなら、「他なるものとの出会いのなかで、人々はそれぞれの世界と一定の文脈で互いに出会う」からである。[191]

現代の植民者的思考の特徴は、他の文化の異質性を発展の遅れ――「かれらはわれわれほど進んでいない」として理解していることである。しかし実際のところ、思考や世界の認識について別の様式（Anderartigkeit）を受け入れることが重要になる。[192] これは、解釈学にとってどのような意味をもつだろうか。ガダマーは、ある言語から別の言語へ、そしてある文化（！）から別の文化へ翻訳するという課題を、理解が可能になるある共通性（Gemeinsamkeit）が確立されることと見て取っている。「解釈学の課題は、この理解の不思議さ（Wunder）を明らかにすることであり、（…）共通の意味への参与なのである。（…）すべての了解（Verständigung）の目標であり、すべての理解の目標であるものは、事柄への了解である」。[193] しかしここにこそ、本当の困難があり、問いがある。事柄への了解が得られなかった場合はどうなるのか。そこには「地平の融合」があるのだろうか。

これらの問いへの答えに近づくために、二つの例を見てみよう。一つ目は、アンゴラのチョクウェ地方にある椅子の写真である。二つ目は、アフリカの文化的特徴を問うものである。

椅子は木でできており、腰を下ろす座面は革でできている（図表34）。多数の釘の頭が座席の上端と側端、そして背もたれの湾曲した側翼を飾っている。形態の性的特徴が明確に刻みこまれていて、椅子の正面（正面から見て）の左脚には女性が立っていて、右脚には男性が立っている。女性は胸を押さえている。すべての人物像が裸である。一番上には、左に女性、右に男性がいる。座席の下の中央部分には、人物のグループが見える。前部で跪いた二人の男性が、その間に座っている女性の胸を押さえ、かのじょは両手を頭に当てている。同じ階層の右側では臼をもって作業をしている人が二人、後ろには長持をもっていると

図表 34
アンゴラの椅子

思われる人が二人、そして左側では二人がボートをもち上げている。この最後の三組のグループは性別の特徴が見えない。また、背もたれの真ん中には二人の男性と一人の女性が非常にはっきりと見える。真ん中の女性が裸で、伸ばした手足で支えている。背もたれの上部には、装飾された背景の上に中央の男性、その両脇に二人の女性が見える。三人とも頭に被り物をしていて、女性の頭飾りは尖った帽子のようで、男性の頭飾りは幅広で広がっている。男性は足を曲げて座っており、胸には大きな飾りをつけている。

この椅子は何を語っているのか。この像とその行為が意味するところは何なのか。わたしの推測では、これは地位の高い人、「リーダー」のための結婚式の椅子ではないかと思う。このことは、男性と女性という明確な性別をもった人物と、臼、長持、ボートといった贈答品になりそうな物によって示唆されている。民族学者であれば、この椅子を、日常的な家具ではなく、特別な日のため、おそらく儀礼のためのものであろうというように、よりうまく、より正しく解釈できるのではないか。また、装飾のことはおいても、この椅子の座は異常に高く、何よりも居心地が悪く、快適に過ごせない。つまり、寄りかかることができないのである。

しかし、解釈学的観点から重要と思われるのは、対象物に語らせることであり、われわれの解釈で固定したり制限したりすることではない。もしかしたら、この椅子は結婚式とは何の関係もなく、「リーダー」、つまり領主か王の玉座かもしれない。表現されているように見て取れるものは、男性も女性も、または働く人々も、象徴によって引き立てられた人々である。民族学者に詳細——起源、用途、意義の——を聞けば、椅子についてもっと知ることができるだろう。しかしそうすることで、われわれがよりよく理解するかどうか、この作品が帰属し、語っている世界に入り込めているかどうか、またはある程度は見えているものの背後に入り込むことができているかどうか、疑問が残る。この対象物の意味や意義は何なのか。どんなに情報や説明があっても、結局は他なるものであり続けるのではないか。忘れてはならない。解釈学的に重要なのは意味の理解であるということを。

国際的なアフリカン「アート」市場があり、ヨーロッパやアメリカの博物館の収蔵庫は、アフリカの作品で満たされている。植民地時代の歴史の帰結として、その作品の正当な所有者をめぐっての論争が行われている。[194] ここで解釈学的に興味深いのは、ヨーロッパの視点から、アフリカン「アート」について論争がなされていることである。しかし、たとえば、先に見たようなアフリカの椅子は「アート」の作品なのか。たしかに、芸術的にデザインされていると感じられるかもしれない。アフリカの多くの他の作品も、とびきり美しく貴重なものである。しかし、アートというレンズを通して見たときに、われわれはそれらの作品を理解するだろうか。作品を棚のなかに保存してしまうと、その作品のスピリチュアルな目的とそれに対応する意義を見落としはしないだろうか。われわれにはこのスピリチュアルな含意（Meinung）を理解することができるのか。そう望むのならば、解釈学的には、われわれの理解をその作品が意味する方向に導いてゆく必要がある。解釈学的な方向性（Woraufhin）、つまりスコパス（Skopus〔特定の言語要素の作用範囲〕）で、意味に沿って、事柄を問わなければならない。スピリチュアルな作品をヨーロッパの美術館に移送し、アート市場でオークションに出すことで、真正の所有者にとってそれらは脱スピリチュアル化され、スピリチュアルの観点からは意義のないものになってしまう。つまり、それらは意味を失うのである。これは植民地主義の帰結でもある。

このアンゴラの椅子という物は、つぎのような問いを呼び起こす。これは何のために使われるのか。儀式のためだとしたら、いつ、何のために行われるのか。儀式の意義は何なのか。この椅子が表現するものとはどんな関係があるのか。その意義は何か。その儀式の意味と目的は何か。また、もし、われわれの問いに対する答えを儀式のイニシエーターもしくはその出来事に参加している人から聞くことができたとしても、われわれはその話から、この椅子を理解することができるだろうか。ここで提示した椅子は、根本的な問いの一例を示すものだ。すなわち、他の文化、他の考え方、人間の生をスピリチュアルに解釈する異なる文化を理解することができるのか、という問いである。デイヴィッド・ジグネール（David Signer, 1964–）は、つぎのように告白している。

「わたしは三年間で、西アフリカのヒーラー〔療術家〕たちの思想界、生活、方法と環境に慣れ親しむ機会を得た。西アフリカの世界は、今日ある意味では、わたしにとってたとえばスイスの銀行界よりも馴染み深いものであるが〔…〕、また別の観点では、ますます神秘的にもなった[195]。」

三年以上を費やして、ジグネールは西アフリカのスピリチュアル世界について詳しく知ったことになるが、結果として、彼は理解していないどころか、ますます理解していないということを自覚していく。つまり、自分が理解していないということをますます知るに至るのである。

われわれは、理解の問題をより大きな文脈に置かなければならない。そのためには、アフリカの社会構造、倫理やスピリチュアリティに目を向けなければならない[196]。

「個人（der Einzelne）は、われわれがいるからわたしがいる、われわれがいるがゆえに、わたしがいるとしか言えない[197]」。ケニア人のジョン・ムビティ（John Samuel Mbiti, 1931–2019）は、アフリカの伝統的な社会をこのように表現している。この表現によると、個人はモナド〔単子〕として存在しているのではなく、他者のなかで、そして他者を通じて存在している。アフリカの個人の基盤、存在の基礎となっているのはコミュニティ（Gemeinschaft）、つまり他の人々である。個人はコミュニティの構成部分として存在している。アフリカの社会構造は、コミュニティから始まっている。これは、大家族、一族、部族といった、具体的なコミュニティとして理解されなければならない。一方では、コミュニティは階層構造で、年長者が支配的な役割を担っている。もう一方では、水平方向のつながりやしきたり（Verpflichtung）があり、それは年齢グループに固有のものであって——少なくとも伝統的にキクユ（Kikuyu）族の人々においては——、同じ年に割礼を受けて入門することになる。西洋では個人が社会の基盤となっているのに対し、アフリカの考え方では、コミュニティが個人の基盤となっているのである。

ケニアのルヒヤ（Luhya）族のことわざ——「おまえの兄弟は、たとえ臭くても、おまえの兄弟だ」——は、人が事柄ないし抽象的な倫理規範よりも優先されることを特徴的に言い表している。[198] われわれのコミュニティに、われわれは一緒に属している。家族、一族、部族のメンバーは、わたしの「兄弟」または「姉妹」である。われわれは、たとえ「臭い」匂いを発していても、つまりコミュニティに反する行為をしていても、互いにしきたりのなかで生きている。欧米のように抽象的な規範や法律によってではなく、具体的なコミュニティに属する他の人々によって道徳が規定される。コミュニティ内の個人的な関係が優先される。ここでわれわれが、テキストの解釈に限定された解釈学からまったく離れてしまったわけではないのは明らかだ。なぜなら、「おまえの兄弟は、たとえ臭くても、おまえの兄弟だ」というシンプルな文章の意味を——とにかく——適切に理解するためには、文化的、社会的、そして最終的にはスピリチュアルな解釈が必要となってくるからである。

ユダヤ教、キリスト教、イスラム教のように、神があの世に存在し、そこからこの世に働きかけるのとは対照的に、アフリカの生活におけるスピリチュアルなものはこの世の一部である。そのスピリチュアルなものは、われわれが生き、行動しているこの世界を別の視点から見ている。ジョン・ムビティによれば、「物理的なものとスピリチュアルなものは、同じ宇宙の二つの次元である。アフリカ人は、その目に見えない宇宙を見ることで、目に見え、把握できる世界を見たり、聞いたり、感じたりしている」[199]。スピリチ

	アフリカ	西洋
社会構造	**基礎**：コミュニティ ↓↓↓ 個人	**基礎**：個人 ↓↓↓ 社会
倫理	1. 人 2. 事柄，法	1. 事柄，法 2. 人
宗教／スピリチュアリティ	世界**のなかの**精霊	**あの世**の神

図表35　アフリカと西洋の違い

ユアルなもの、精霊、祖先は、この世界に現成しており（anwesend）、それらはこの世界で行動している。日常のプロセスはスピリチュアルに説明される。それは「スピリチュアルな合理性」であって、「非合理的」な思考ではない。このスピリチュアリティにはさまざまな形があるが、東アフリカよりも西アフリカの方がより顕著である。[200] しかし、東アフリカでも同様に、人々は魔術師ないし呪術師のもとに行き、聖なる木や場所を知り、アルビノの体の一部に魔法の力があると信じ、迫害して、ついには女性や年配の男性を魔女のように殺してしまう。[201] 西洋との明白な違いは、上のように図式化される（**図表35**）。

われわれは紹介したアンゴラの椅子を、述べてきたようなアフリカのコミュニティ、倫理、スピリチュアリティの文脈において見なければならない。この椅子――そして他の比較可能な対象物――の目的と意味を理解しようとする試みは、このような文脈の次元を考慮しなければならないのだ。それゆえ、対象物についての近視眼的な判断、たとえば美的判断や部屋の装飾としての有用性についての判断は、退けられなければならない。

異文化を扱う解釈学、すなわち間文化的（interkulturelle）解釈学は、たとえばクリフォード・ギアーツ（Clifford Geertz, 1926–2006〔アメリカ合衆国の文化人類学者。シカゴ大学教授、プリンストン高等研究所社会科学教授などを歴任）の、外国文化の「厚い記述（dichter Beschreibung）」に代表される民族誌的なアプローチとは区別されなければならない。(202) 後者の関心は、シンボルや構造を解釈するレベルにある。ギアーツは、行動や産物の意味の理解には関心がない。厚い記述が、言語学的な言語理解のモデルに沿ったものであるのに対し、解釈学では言語を世界の解釈、つまり「世界観（Weltansicht）」として理解する。また、翻訳も、民族誌的な解釈ならびに解釈学的な解釈のモデルに応用することはできない。というのも、民族誌的な解釈は、研究対象の構造化を目的としているからである。「厚い記述」では、先入観や概念を解釈にもち込むが、それは「厚い記述」が研究者の「世界」から始まり、それによって決定され続けるからである。解釈学的理解における肯定的な前判断は理解されるべきものによって修正されるのに対して、民族誌の解釈は、ずっと「否定的な」前判断に悩まされることになる。(203)

「厚い記述」は、記述、分類することによって対象を解明し、対象物をより身近に、より概観することができる。しかし、そうすることによって、それ自体の意味は理解されなくなる。たしかに、民族誌的な記述そのものは理解されるであろう。しかし、記述されていることがその意味において理解可能かどうかは別の話である。たとえば、魔術師・呪術師の行動とその効果を描写し、映像化することも可能である。しかし、その過程においてそれ自体で何が起こっているのかは、想像によっても西洋の理解にとっては分からずじまいであった。(204) このことは、たとえば、今でも行われているキクユ族の伝統的な命名法にも当てはまる。それを記すならば、長男には父方の祖父の名前が、次男には母方の祖父の名前が、三男には父親の長兄の名前が与えられる。また、長女には自分の父方の祖母の名前を、次女は母方の祖母の名前を、三女は父親の長姉の名前が与えられるのである。しかし、こうして記述されたことにはどんな意味があるのか。関係者の理解では、名前を与える側と受け取る側が、ある種のアイデンティティをもつことになる。われわれヨーロッパ人は、このことを——描写を超えて——理解することができるだろうか。

われわれが描くところのアフリカの社会、倫理、スピリチュアリティは、大雑把な記述に過ぎないであろう。厳密な解釈学的解釈を行ったとしても、われわれの分析的なアプローチ、そしてモラルの基準は、一見して乗り越えられないような限界、つまり、非‐理解という限界に突き当たるだろう。たとえば、少女や女性の割礼（Beschneidung）、女性の生殖器切除と呼ばれるものなどがそれに当たる。われわれはこれを、残酷な切断や女性の抑圧と捉えるかもしれない。しかし、アフリカやアラブの文脈では、割礼には、大人になるためのイニシエーションという目的と意義があるのである。

このような観察や記述は、ある理解の試みにすぎない。しかし、われわれは最終的には非‐理解、受容不可能なこと（Nicht-Akzeptieren-Können）という壁の前に立ち止まっていることになる。行動の過程を民族誌的に、つまり知的な記述と説明によって論じることが可能であっても、世界観、人間観、社会観といったわれわれの基本的な価値は損なわれることになるからだ。魔女への迫害、オカルト的な人身御供、イスラム的な名誉殺人などのような魔法や呪術に関係する他の儀式についても、われわれは同様に感じている。このような例は数え切れないほどあるが、もちろんアフリカに限られたことではない。このような非‐理解の理由として、一つには、そのような行動や信念を支えているスピリチュアルな「メカニズム」を根にもった「合理性」と論理を理解していないことがある。一方で、われわれは多くのものを倫理的根拠から受け入れることができない。かくして、異質なものに直面するのである。[205]

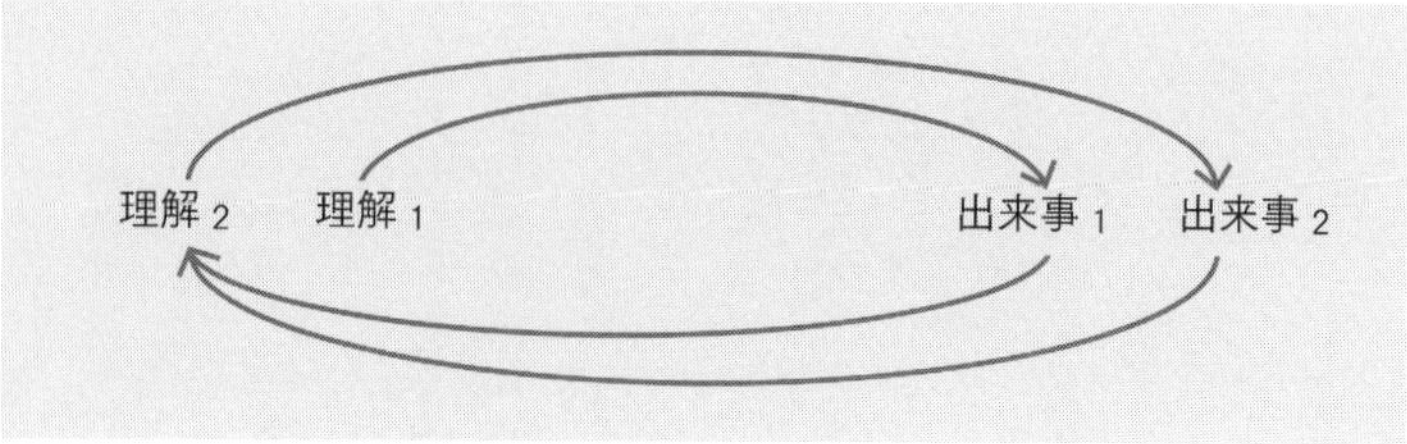

図表 36　異質なものの解釈学的循環

ともかく、思慮ある共同生活上の出来事で生み出される文化的に異質なものへの非‐理解は、上のような解釈学的循環で暗示することができる（**図表36**）。

理解が「理解2」を超えないこと、つまり閉ざされた円が生じることで、図に示されるような非‐理解が生じる。この非‐理解は、「世界A」の視点からの理解が可能となることと同じである。たとえば、西洋の「世界」というのは、この「世界A」なのである。もう一方で、「世界B」の出来事は、たとえばアフリカの「世界」に属している。この出来事は、アフリカの魔術師たちの間では、西洋の合理的な理解とは無縁の異なる解釈や「説明（erklären）」がなされている。西洋では、交通事故に魔術的なつながりはないが、しかし技術やドライバーのミスという因果関係がある。となると、アフリカでの事故の説明は理解できないことになる。アフリカではそのような場合、車とドライバーが魔法にかけられた（verhext）ということになるからだ。このような相関関係は、抽象的な「理論」ではなく、多くの事例で証明されうるものである。わたしは兄弟を交通事故で亡くしたケニアの大学教授・政治家が、そのような議論をしていたのを思い出す。

しかし――交通事故を魔術的なつながりで考えることに対する拒否反応は、ヨーロッパの人々にとっては至極当然だろう。とはいえヨーロッパ人は、自身の視点や論理が、アフリカ人だけでなく多くの西洋世界の人々と同じように他なるものであるということを認識し、受け入れなければならない。われわれも、アフリカ人と同じように、自分の国においても同じように他なるものなのである。このことは普遍的であり、たんにアフリカ人だけの問題ではない。非‐理解はお互い様（gegenseitig）なのである。これは、解釈学的には「他なるものを自分の理解のなかに収めるということ。われわれは前理解なしに理解することは、たしかにできないが、その前理解を問いに付すことはできる」[206]ということを示すのではない。このことについて、パトリック・シャバル（Patrick Chabal, 1931–2006〔英国のキングスカレッジの歴史学部教授。アフリカの歴史と政治に取り組む研究者として国際的に著名〕）は、社会科学の監督下に置かれなければならない「公理的な荷物（axiomatisches Gepäck）」を降ろすことを強調している。まさに間文化性を真剣に受け止めようとするならば、われわれに刻み込まれたヨーロッパの学問理論の基礎を再考する必要があるというのである[207]。

　このことは、現実的な共同生活と、テキスト解釈以上の理解にあたって何を意味するだろうか。時間的な隔たりの代わりに文化的な隔たりを考慮し、かつ他なるものを片づけるのではなく尊重するような理解にあたってどんな意味をもつだろうか。テオ・ズンダーマイヤー（Theo Sundermeier, 1935–[208]〔ドイツのプロテスタントの神学者。ボーフム大学およびハイデルブルク大学神学部教授〕）は、このような観点から「実践的解釈学」を提案しているが、それは「他なるものの解釈学」であり「間文化的解釈学」なのである。このような解釈学は、慣れ親しんだ一般的な文化的背景を捨てて、自分自身を他なるものの秩序や考え方に委ねさせるものである。ズンダーマイヤーにとって、他なるものへの理解あるアプローチは、知的なプロセスであるだけでなく、何よりも行為である。「理解しようと欲する者は、他なるものの環境を受け入れ、そのなかで過ごさなければならない」[209]。ズンダーマイヤーは、他なるものの現実的な理解にあたって、互いに段階を積み重ねていくべきことを示している。何よりもまず、われわれは他なるものの外見（Erscheinung）を評価したり、先入観でとらえたりしてはならない。ありのままに他なるものを受け止め、つまり認めなければならないし、「許容」しなければならないのである。そのためには、共感（Sympathie）と、学ぶ意欲が必要である。関わること、参与すること、参加することは、批判的な観察よりも重要である。さらに、他なるものをそのようなものとして容認することは、他なるものに共感することであるが、その際に、自分を捨ててはならない。最終的には、尊敬の念をもって共に生きること、つまり行動のレベルでの「コンヴィヴィアリティ（Konvivenz）」が重要なのである。

「間文化的な解釈学の目標は、誰もが納得できる共存の成功である。誰もが自分自身のままでいられ、誰も専有されることなく、しかも相手の尊厳を尊重し、より高める交流が行われることだ。」「尊敬とは、距離と親しさを正しい関係に置くことである。［…］また、尊敬とは忍耐と注意を払うことであり、見ることと参加することをいう。[210]」

ズンダーマイヤーによれば、共同生活とは生活世界を共有することである。とりわけここで注目すべきは、ズンダーマイヤーの「実践的解釈学」が、ヨーロッパ人が自身にとって異質な文化や社会に住み、順応し、溶け込んでいかなければならないという状況から出発していることである。それは、異国に出かける宣教師やビジネスマンや開発援助者にも当てはまる状況である。われわれの国にいる他者という別の状況に目を向けることによって、解釈学への要求は本質的に、より現実的なものになってくる。ドイツの人口のうち、移民の背景をもつ人の割合は約四分の一である。移民とドイツ人は互いに異質な者同士――

もちろん完全にではないが——であり、非理解の要素がある。ここには、もう一つの「実践的解釈学」への要求が生まれるのである。

よそよそしさ（Fremdheit）は、単純な日常の事柄から始まる。われわれは、「パン」という言葉が同じ「パン」を指すのではないことを見てきた。それは食文化や生活習慣と結びついているからである。このようなつながりは、ますます分かりにくくなり、非理解と非受容にまで至ってしまう。これが、外国人嫌い、人種差別（Rassismus）といった社会問題にもつながるのである。クリフォード・ギアーツ[211]によると、文化とは社会の構成員にとってアクセス可能な意味の網の目（Bedeutungsgeflecht）である。つまり、文化はコミュニティに固有のものであり、他者はその文化の意味に直接近づくことができない。問題が発生するのは、異なった「意味の網の目」が同じ場所で同時に適用される場合である。たとえば、移民の意味のネットワークとわれわれドイツ人の意味のネットワークといったように異なった「世界」に属する人々は、互いに理解することの問題を抱えているのである。

このような背景からフォルネ＝ベタンコール（Raúl Fornet-Betancourt, 1946–[212]〔キューバ出身の異文化哲学者〕）は、ズンダーマイヤーと同様、間文化コミュニティで共生することを呼びかけている。この要請は、他なるものに対するかれの解釈学の政治的な成果である。かれもまた、文化的に他なるものと、一般的に他なるもの、単純に異質なものとを区別している。文化的に他なるものは、われわれの社会では何も根拠づけられていない。他者は具体的に、そこにいるというだけである。他なるもの同士は他の言語、生活世界、宗教、伝統、文化、理解の地平、意味の網の目といったさまざまな「世界」に出会う。他なるものという現実は、われわれの考え方や行動様式に挑戦する。われわれは変わらなければならない。というのは、「統合」は一方通行ではなく、双方向であるからだ。フォルネ＝ベタンコールにとっても、翻訳が解釈学のモデルとなっている。しかし、この翻訳は双方向のものとして起こらなければならない。他者は対話相手であり、共同翻訳者である。このように理解される翻訳に際して、われわれは自分自身を理解する。つまり、自分固有の概念の背景を探り、これまで慣れ親しんだ認識の仕方を捨てなければならない。フォルネ＝ベタンコールによると、「他なるものの政治」を通して、われわれは「多文化社会」と「連帯する他の世界による間文化コミュニティ」を区別しなければならない、つまり、主導的文化と、お互い様の「相互扶助（mutualité）」とを区別しなければならない。というのは、前者の「多文化」とは文化が並列している（Nebeneinander）のに対して、後者は他なるものが、たんに対等であるだけでなく、文化的独自性と差異の権利を有したままで、対等に文化の共存を目指すところに違いがあるからだ[213]。後者は、われわれに交流と対話を義務づけている。対話は、解釈学のプロセスの構造的契機である。

フォルネ＝ベタンコールは、「他なるものの政治は、他者との付き合いの質を高めるために具体的な日常生活のなかで行われるべきである[214]」と言う。また、このような政治への要請は、倫理的なものとして理解することもできる。ナチスの将校を描いたリテルの小説のように、他者やその異質性を理解する場合も理解しない場合も、われわれは解釈学を超えて理解しようと意欲する。そして、その意欲は道徳的な態度なのである。解釈学的な翻訳は、親しいものと他なるものとの往還にわれわれをいざなう。そうして、他なるものの理解の可能な限界と、異質性の非‐理解の限界に行き着くのである。すでにこの〔解釈の〕過程で、理解しようとする意図（Intention）が必要となる——それはまさに、外国人嫌いにも、そのような意図がないわけではないからだ。真剣に理解しようとする意志のみが、すでに確固としたものになっている非‐理解と対決するのである。他なるものを理解するのではなく、その人の生き方を受け入れる。少女の割礼、女性への抑圧、名誉殺人、魔女狩り、人身御供の儀礼……といったような深刻な倫理的矛盾がない限りは、他なる文化の人々の生き方を受容することはうまくいくはずである。

解釈学的な理解への要請は、倫理的、社会的、政治的な論争にまで及ばなければならない。その際、ポピュリストのご都合主義や狭い視野を基準にしてはならない。なぜなら、他なる人々もまたわれわれを徹底的に問うているからである。

解釈学――何のために？　それがわれわれの最初の問いであった。一つのことが明らかになったはずである。解釈学は、われわれの非‐理解を克服するための努力に関係している。そのためには、まず第一に、その非‐理解をよく見つめること、ついで理解した（Verstanden-Haben）ように思われたことに固執しないことが必要である。解釈学的な問題提起、観点、理論を通して、われわれは意味をなすものへの理解に近づくことができる。多様な関係や意味をもつ言語がそのなかで中心的な役割を果たし、歴史的・文化的な文脈のなかで変動していく。解釈学的解釈によって、われわれは「事柄」に近づき、われわれが生きている意味をなす世界を明らかにする。しかし、この世界は一方では限られたものであって、他方では別の「世界」、すなわち、異文化の世界観に出会う。これらにわれわれの興味を起こさせ、みずからの世界や世界観の枠組み、ひいてはわれわれの理解に注意するよう指示することは、解釈学的な洞察力に負うところが大きいのである。このプロセスを知ることで、われわれは理解されざる文化のことも尊重することができるだろう。

監訳者あとがき

本書『解釈学入門』は、現代ドイツの精神科学的教育学の批判的継承者ヘルムート・ダンナーによって二〇二一年五月にダルムシュタットの科学書協会（wbg Academic）から出版された『解釈学――そのアプローチ、展望、立場』（Hermeneutik Zugänge, Perspektiven, Positionen）の全訳である（ただし、英語による要約部分は省略している）。

本書の翻訳については、ダンナー自身から山﨑に依頼があった。かつてオランダの教育人間学者ランゲフェルト（Martinus Jan Langeverd, 1905–1989）とダンナーの共著『意味への教育――学的方法論と人間学的基礎』（Methodologie und ›Sinn‹-Orientierung in der Pädagogik　玉川大学出版部、一九八九年）を監訳したことがあり、それ以来学術的にも、人間的にも緊密な交流が続いていたからである。今回は共訳を、わたしの京都大学大学院教育学研究科在職時代の最後の指導院生、高根雅啓、弘田陽介、田中潤一の三君に担当してもらった。

本書の著者ダンナーは、すでに「著者紹介」で述べた経歴を経て、一九七九年に『精神科学的教育学の方法（Methoden geisteswissenschaftlicher Pädagogik: Einführung in Hermeneutik, Phänomenologie und

Dialektik)』を上梓した。かれの最初の書物は、副題が示すように、精神科学的教育学に特徴的な研究方法として解釈学、現象学、弁証法を取り扱ったもので、入門書としてよく読まれ、二〇〇六年には五版の改訂・増補版が出版されている。それゆえ、かれはドイツ教育学のなかで有力な学的方法論者の一人と見なされている。今回の翻訳書は、かれの解釈学に関する学的方法論の集大成と見ることができよう。

とくに、第V章「現在と他者の理解(Die Gegenwart und Fremde verstehen)」では、ジョナサン・リテルの小説『慈しみの女神たち』の解釈を通して、解釈学理論における道徳的判断という問題について論じているのみならず、外国文化の理解について解釈学理論が果たすことのできる役割についても論じている。

たしかに、われわれは異文化を完全に理解することはできない。そのためにみずからの限界を謙虚に受け入れ、異文化の世界観を許容することがわれわれの責任である。ダンナーは、意味という次元から解釈学理論が現在の異文化理解に果たす役割を強調している。とりわけダンナー自身が長年アフリカに滞在した経験から、西洋とアフリカの文化理解を例に取り上げながら議論が進められている。近年のポストコロニアリズムの批判的な観点を有しながら、そこにとどまらない、自他の共生を課題とする実践的解釈学のありようを示していると言えよう。

そして、かれの主著とも言うべき『責任と教育学——意味に定位した教育学に関する人間学的、倫理学的研究(Verantwortung und Pädadogik. Antropologische und ethische Untersuchungen zu einer sinnorientierten Pädadogik)』が一九八五年に出版され、今日までに五刷を数え、その改訂版『倫理学と教育学における責任（Verantwortung in Ethik und Pädagogik）』が二〇一〇年に出版されている。

ダンナーによれば、人間とは「態度を決めなければならない（Stellung-nehmen-müssen）」存在であり、人間が何らかの態度を決めることができ、またそうせざるをえないのは、かれが世界および自己自身と「向かい合って存在している（Gegenüber-sein）」からである。この「向かい合って存在している」ということは、人間と世界および自己自身との間に「間隙（Hiatus）」があることを意味している。そして、この間隙は、人間が世界に向かって、そのつど等しく根源的に一歩を踏み出すことを要求し、「応答すること、「世界」へと踏み出すこと、間隙に橋を渡すこと――これによって人間は、かれ自身となる」とされるのである。

このように、ダンナーは、間隙に橋を架ける架け方の一切、別言すれば、世界に対して何らかの態度を決める決め方の一切を「意味付与（Sinn-Geben）」として理解する。さらに、かれは意味付与に呼応するものとして「意味理解（Sinn-Verstehen）」を挙げ、両者が分かちがたく結びついており、両者が間隙に対する応答を二つの方向から規定すると考えている。

ダンナーは教育的責任を形式面と内容面に分ける。そして形式的には、大人と子どもの間の教育的落差に基づいた「代理の責任」と理解し、内容的には、教育的責任を、子どもの現在と未来、そして社会という二つの要求に対する「応答」として把握する。それらの要求に対する応答として、一方で、意味理解としての規範および価値への定位を、他方で、意味付与としての教育者自身の根本態度を挙げ、かれは後者に重点を置いている。教育者の根本態度から導かれる「代理の決断」によって教育的責任は、その本質を現すのである。この意味で、ダンナーは教育的責任を「実存的責任」と見なす。

以上のように、教育的責任の概念を人間学的、実存論的観点から構造化した点は、かれ固有の成果として評価されよう。

さらに、ダンナーは、精神科学的教育学が一九世紀に起源をもつという歴史的制約を認めつつ、その現代的意義を、つぎの四点にまとめている。

第一に、精神科学的教育学は一種の歴史現象であって、この意味でのみ話題にされるべきであるとする。

第二に、しかし、教育と陶冶の諸現象を適切に把握しようとするいかなる教育理論も、精神科学的教育学の省察してきた教育と陶冶の本質的内容を考慮しない限り、十全なものではないとされる。

第三に、精神科学的教育学は、もし教育と陶冶の諸現象が教育学によって歪曲されていないのだとしたら、無視されてはならない重要な課題を果たしてきたと言う。

第四に、この課題についてあらためて熟考することが不可欠であり、その際問題になるのは、精神科学的教育学の復興でもないし、いわんやその複製をつくり出すことでもない。むしろ、この課題を新たに規定し直すことが大事であると、ダンナーは精神科学的教育学が取り組んできた課題を重視している。

このような明快な指摘に富んだ業績が注目されて、一九八六年半ば以降、かれは客員教授として、カナダのエドモントン大学を皮切りに、レートブリッジ大学、さらにアフリカのヨハネスブルク大学で教鞭を執ることになった。

しかしながら、やがて大学での教授活動からは距離を取り始め、ドイツの政党キリスト教社会同盟

（CDU）と密接な関係にあるハンス・ザイデル財団（Hans Seidel Foundation）の、最初はエジプト、のちにケニアのナイロビ、さらにはウガンダの代表事務所長を務めるとともに、成人教育（Erwachsenenbildung）プロジェクトの指導者になった。

このようなアフリカにおける長年にわたる実践的活動に基づき、かれは活発な学術的活動を再開し、二〇〇八年八月には『傲慢の終焉――アフリカと西洋、その差異の理解（End of Arrogance. Africa and West – Understanding their Differences）』を出版した。なお、『傲慢の終焉』のドイツ語版（Das Ende der Arroganz. Afrika und der Westen – ihre Unterschiede verstehen）は二〇一一年に出版されている。弘田陽介は、二〇一三年二月にケニアのナイロビにダンナーを訪ね、日本の教育の特質について議論を重ねるとともに、ナイロビ市内や世界遺産に指定されているナクル湖国立公園（Lake Nakuru National Park）の観光にいざなわれた。加えて、デンマーク人作家でありナイロビに移住したカレン・ブリクセン（Karen Blixen, 1885–1962）の博物館やナイロビのヨーロッパ人交流所などを案内してもらいながら、ヨーロッパとアフリカの文化的差異および異文化理解についてレクチャーを受けた。田中潤一は法政大学出版局との出版交渉に尽力し、法政大学名誉教授の牧野英二先生の懇切なるご助力を得て、出版にこぎつけてくれた。牧野先生には、この場を借りて心から感謝を申し述べたい。また、ダンナーとの著作権交渉をはじめ、複雑な編集の任に当たってくださった法政大学出版局の郷間雅俊様にも深甚なる謝意を申し上げたい。

各人の翻訳担当部分は、以下の通りである。

山﨑高哉（大阪総合保育大学名誉学長、京都大学名誉教授）……監訳、Ⅳ章、監訳者あとがき
高根雅啓（大阪公立大学教授）……Ⅰ章、Ⅱ章
弘田陽介（大阪公立大学教授）……Ⅴ章
田中潤一（関西大学文学部教授）……Ⅲ章

山﨑は、各翻訳者の元訳をできる限り尊重しながら、全体の調整を含め、読みやすくなるよう、修正を加えた。しかし、わたしの非力のため、思わぬ誤りや不備な点が多々あるのではないかと危惧している。読者の皆様のご叱正、ご教示を心からお願いする次第である。

二〇二四年四月一一日

山﨑高哉

文献一覧

Adorno, Theodor W. (1964): Jargon der Eigentlichkeit. Frankfurt am Main: Suhrkamp.〔アドルノ『本来性という隠語——ドイツ的なイデオロギーについて』笠原賢介訳，未來社，1992年〕

Arnswald, Ulrich u. a. (Hg.)(2012): Hermeneutik und die Grenzen der Sprache. Heidelberg: Manutius.

Arthos, John (2009): The Inner Word in Gadamers Hermeneutics. Notre Dame University Press.

Arthos, John (2011): „The Fullness of Understanding"? The Career of the Inner Word in Gadamer Scholarship; in: Philosophy Today, 55/2.

Ast, Friedrich (1976): Hermeneutik; in: Gadamer, Hans-Georg/Boehm, Gottfried (Hg.): Seminar: Philosophische Hermeneutik. Frankfurt am Main: Suhrkamp, S. 111–130.

Augustinus, Aurelius (2001): De trinitate, Bücher VIII–XI, XIV–XV, Anhang: Buch V neu übersetzt und mit Einleitung hg. von Kreuzer, Johann, lateinisch-deutsch. Hamburg: Meiner.〔アウグスティヌス「三位一体」『アウグスティヌス著作集28』泉治典訳，教文館，2004年〕

Bartmann, Sylke (2012): Nicht das Fremde ist so fremd, sondern das Vertraute so vertraut. Ein Beitrag zum Verständnis von kultureller Differenz; in: Bartmann, Sylke/Immel, Oliver (Hg.): Das Vertraute und das Fremde. Differenzerfahrung und Fremdverstehen im Interkulturalitätsdiskurs. Bielefeld: transcript.

Betti, Emilio (1972): Die Hermeneutik als allgemeine Methodik der Geisteswissenschaften, 2. Aufl. Tübingen: Mohr.

Bollnow, Otto F. (1976): Paul Ricœur und die Probleme der Hermeneutik; in: Zeitschrift für philosophische Forschung, 30. Jg., S. 167–189, 389–412.

Bollnow, Otto F. (1982): Studien zur Hermeneutik. Band I: Zur Philosophie der Geisteswissenschaften. Freiburg/München: Alber.〔ボルノウ『理解するということ——精神諸科学の理論のための三つの論文』小笠原道雄・田代尚弘訳，以文社，1981年。ボルノー『解釈学研究』西村皓・森田孝監訳，

玉川大学出版部，1991 年〕
Bredella, Lothar (1993): Ist das Verstehen fremder Kulturen wunschenswert?; in: Bredella, Lothar / Christ, Herbert (Hg.): Zugänge zum Fremden. Giesen: Ferber, S. 11–36.
Brocker, Manfred / Nau, Heino H. (Hg.) (1997): Ethnozentrismus. Möglichkeiten und Grenzen des interkulturellen Dialogs. Darmstadt: WBG.
Busch, Christophe / Hördler, Stefan / van Pelt, Robert J. (Hg.) (2020): Das Höcker-Album. Auschwitz durch die Linse der SS. Darmstadt: WBG Academic.
Chabal, Patrick (2012): The End of Conceit. Western Rationality after Postcolonialism. London / New York: Zed Books.
Chen, Hsuan-Erh (2008): Hermeneutik zwischen eigener Tradition und fremder Kultur. ZumProblem des Fremden in den hermeneutischen Theorien von Hans-Georg Gadamer und Eric Donald Hirsch. Diss. Ruhr-Universität Bochum.
Cox, Gary (2018): Jean-Paul Sartre. Existentialismus und Exzess. Darmstadt: WBG.
Danner, Helmut (1995): Hermeneutics in Educational Discourse: Foundations; in: Higgs, Philip (Hg.): Metatheories in Philosophy of Education. Johannesburg: Heinemann.
Danner, Helmut (2003): Was ist *pädagogische* Hermeneutik?; in: Padagogische Rundschau, 57 (2003), S. 201–211.
Danner, Helmut (2006): Methoden geisteswissenschaftlicher Padagogik. Einführung in Hermeneutik, Phänomenologie und Dialektik. 5. Aufl. München: Reinhardt.〔H. ダンナー『教育学的解釈学入門——精神科学的教育学の方法』浜口順子訳，玉川大学出版部，1998 年〕
Danner, Helmut (2012): End of Arrogance. Africa and the West – Understanding their Differences. Nairobi: East African Educational Publishers.
Danner, Helmut (2012): Das Ende der Arroganz. Afrika und der Westen – ihre Unterschiede verstehen. Frankfurt am Main: Brandes & Apsel.
Danner, Helmut (2014): Die verstehende Sicht. Patrick Chabals Kritik an der westlichen Rationalität; in: polylog 32. Wien, S. 85–98.
Danner, Helmut (2015): Von westlicher Arroganz zu interkultureller Bildung. Ein Versuch; in: Vierteljahrsschrift für wissenschaftliche Padagogik 3 / 2015, S. 353–373.
Danner, Helmut (2017): Bildung angesichts Fremdenfeindlichkeit und Populismus; in: Vierteljahrsschrift für wissenschaftliche Padagogik 4 / 2017, S.

508–525.
Danner, Helmut (2017): Die dialogische Struktur der Hermeneutik; in: Krautz, Jochen (Hg.): Erziehungsweisen und Bezogenheiten. Relationalität in Padagogik, Kunst und Kunstpädagogik. München: kopaed, S. 95–117.
Danner, Helmut (2020): Hilft die „dichte Beschreibung", fremde Kulturen zu verstehen? Eine hermeneutische Frage an Clifford Geertz; in: Gmainer-Pranzl, Franz / Schellhammer, Barbara (Hg.): Culture – A Life of Learning. Clifford Geertz und aktuelle gesellschaftliche Herausforderungen. Berlin u. a. : Peter Lang, S. 101–126.
Demmerling, Christoph (2002): Sinn, Bedeutung, Verstehen. Untersuchungen zu Sprachphilosophie und Hermeneutik. Paderborn: Mentis.
Diemer, Alwin (1974): Geisteswissenschaften; in: Hist. Wb. Philos. 3. Darmstadt: WBG, Sp. 211–215.
Dilthey, Wilhelm (1979): Der Aufbau der geschichtlichen Welt in den Geisteswissenschaften. Gesammelte Schriften, VII. Band, 7. Aufl. Stuttgart / Göttingen: Teubner u. a.〔ディルタイ『精神科学における歴史的世界の構成』尾形良助訳，以文社，1981 年。『ディルタイ全集 4』長井和雄・竹田純郎・西谷敬編集/校閲，法政大学出版局，2010 年〕
Dilthey, Wilhelm (1982): Die geistige Welt. Einleitung in die Philosophie des Lebens. Gesammelte Schriften, VI. Band. 6. Aufl. Stuttgart / Göttingen: Teubner u. a.
Dittrich, Volker (2008): Ein Gespräch mit Edgar Hilsenrath über Jonathan Littells Roman „Die Wohlgesinnten"; in: https://literaturkritik.de/public/rezension.php?rez_id=11904&ausgabe=200805,11.3.2021.
Ficara, Elena (Hg.) (2015): Texte zur Hermeneutik. Von Platon bis heute. Stuttgart: Reclam.
Figal, Günter (1996): Der Sinn des Verstehens. Beiträge zur hermeneutischen Philosophie. Stuttgart: Reclam.
Figal, Günter (2002): The Doing of the Thing Itself: Gadamer's Hermeneutic Ontology of Language; in: Dostal, Robert J. (Hg.): The Cambridge Companion to Gadamer. Cambridge University Press, S. 102–125.
Fornet-Betancourt, Raúl (2002): Hermeneutik und Politik des Fremden; in: Schmied-Kowarzik, Wolfdietrich (Hg.): Verstehen und Verständigung. Würzburg: Königshaus & Neumann.
Frank, Manfred (1979): „Was heist ‚einen Text verstehen'?"; in: Nassen, Ulrich (Hg.): Texthermeneutik. Aktualität, Geschichte, Kritik. Paderborn u. a.: Schöningh, S. 58–78.

Gadamer, Hans-Georg (1974): Hermeneutik; in: Hist. Wb. Philos. 3. Darmstadt: WBG, Sp. 1061–1073.

Gadamer, Hans-Georg (1975): Wahrheit und Methode. Grundzuge einer philosophischen Hermeneutik. 4. Aufl. Tübingen: Mohr/Siebeck. (Zitiert als Wahrheit und Methode I).〔ガダマー『真理と方法（1・2・3）――哲学的解釈学の要綱』轡田収・巻田悦郎訳, 法政大学出版局, 2012, 2015, 2021 年〕

Gadamer, Hans-Georg/Boehm, Gottfried (1976)(Hg): Seminar: Philosophische Hermeneutik. Frankfurt am Main: Suhrkamp.

Gadamer, Hans-Georg/Boehm, Gottfried (1978)(Hg.): Seminar: Die Hermeneutik und die Wissenschaften. Frankfurt am Main: Suhrkamp.

Gadamer, Hans-Georg (1993): Wahrheit und Methode. Ergänzungen, Register. Gesammelte Werke, Bd. 2, 2. Aufl. Tübingen: Mohr/Siebeck. (Zitiert als Wahrheit und Methode II).

Geertz, Clifford (1973): The Interpretation of Cultures, New York: Basic Books.〔ギアーツ「厚い記述」『文化の解釈学 I』吉田禎吾他訳, 岩波書店, 1987 年所収〕

Geertz, Clifford (1987): Dichte Beschreibung: Beitrage zum Verstehen kultureller Systeme. 12. Aufl. Frankfurt am Main: Suhrkamp.

Grill, Bartholomäus (2020): Adieu, Afrika; in: https://www. spiegel. de/politik/ausland/spiegel-korrespondent-blickt-zurueck-auf-40-jahre-adieu-mein-afrika-a-00000000-0002-0001-0000-000171426722,5.6.2020.

Grondin, Jean (^{3}2012): Einführung in die philosophische Hermeneutik. Darmstadt: WBG.〔ジャン・グロンダン『解釈学』末松壽・佐藤正年訳, 白水社, 2018 年〕

Grondin, Jean (2012): Universalität der Sprachlichkeit oder Grenzen der Sprache. Widerspricht Gadamers späte Erinnerung an die Grenzen der Sprache der These von der Universalität der Sprachlichkeit in Wahrheit und Methode?; in: Arnswald, Ulrich u. a. (Hg.)(2012): Hermeneutik und die Grenzen der Sprache. Heidelberg: Manutius, S. 25–30.

Heidegger, Martin (1963): Sein und Zeit. 10. Aufl. Tübingen: Niemeyer.

Heller, Peter (2019): Verkaufte Götter – getauscht, geraubt, gerettet. Von Sammlern, Handlern und Raubern der alten Kunst Afrikas. Dokumentarfilm. München: Filmkraft.

Hiebel, Hans (2017): Interpretieren: eine Einführung in die literarische Hermeneutik. Würzburg: Königshausen & Neumann.

Horstmann, Axel (1999): Interkulturelle Hermeneutik. Eine neue Theorie des Verstehens?; in: DZPhil, Berlin 47/3, S. 427–448.

Hufnagel, Erwin (1976): Einführung in die Hermeneutik. Stuttgart: Kohlhammer.〔E. フフナーゲル『解釈学の展開――ハイデガー，ガダマー，ハーバーマス，ベッティ，アルバート』竹田純郎・斎藤慶典・日暮陽一訳，以文社，1998 年〕

Humboldt, Wilhelm von (1963): Natur und Beschaffenheit der Sprache überhaupt; in: ders.: Werke in fünf Bänden; hg. von Flitner, Andreas / Giel, Klaus; Bd. III, Darmstadt: WBG, S. 425–440.〔W・フンボルト「人間の言語構造の多様性と人類の精神的発展に及ぼすその影響について」遠藤建樹・佐藤駿訳，『言語――フンボルト／チョムスキー／レネバーグ』福井直樹・渡辺明監修，岩波書店，2020 年。W・フンボルト『言語と精神――カヴィ語研究序説』亀山健吉訳，法政大学出版局，2011 年〕

Ineichen, Hans (1991): Philosophische Hermeneutik. Freiburg / München: Alber.

Joisten, Karen (2009): Philosophische Hermeneutik. Berlin: Akademie-Verlag.

Jung, Matthias (2012): Hermeneutik zur Einführung. 4. Aufl. Hamburg: Junius.

Kaegi, Dominic (1994): Was heist und zu welchem Ende studiert man philosophische Hermeneutik?; in: Philosophische Rundschau 41, S. 116–132.

Kampf, Heike (2003): Die Exzentrizität des Verstehens. Zur Debatte um die Verstehbarkeit des Fremden zwischen Hermeneutik und Ethnologie. Berlin: Parerga.

Kant, Immanuel (1966): Beantwortung der Frage: Was ist Aufklärung?; in: Kant, Immanuel: Werke in sechs Bänden, hg. von Weischedel, Wilhelm. Band 6. Darmstadt: WBG, S. 53–57.〔カント「啓蒙とは何か」小倉志祥訳，『カント全集 第 13 巻』理想社，1988 年〕

Kenyatta, Jomo (1965): Facing Mount Kenya. New York.〔J. ケニヤッタ『ケニヤ山のふもと』野間寛二郎訳，理論社，1962 年〕

Kister, Kurt (2010): Eine Geographie des Grauens; in: Süddeutsche Zeitung, 17. 5. 2010: www. sz. de / 1. 270040.

Koller, Hans-Christoph (2003): „Alles Verstehen ist daher immer zugleich ein Nicht-Verstehen“; in: Zeitschrift für Erziehungswissenschaft, S. 515–531.

Konig, G. (1984): Naturwissenschaften; in: Hist. Wb. Philos. 6. Darmstadt: WBG, Sp. 641–650.

Lévy, Bernard-Henri (2002): Sartre. Der Philosoph des 20. Jahrhunderts. Darmstadt: WBG.

Littell, Jonathan (2008): Die Wohlgesinnten. Berlin: Berlin Verlag. (Französische Originalausgabe: Les Bienveillantes, Paris: Gallimard, 2006; englisch: The Kindly Ones, New York: Harper Collins, 2009).

Makumba, Maurice M. (2007): Introduction to African Philosophy. Nairobi.

Mall, Ram A. (2002): Andersverstehen ist nicht Fremdverstehen: Das Erfordernis einer interkulturellen Verstandigung; in: Schmied-Kowarzik, Wolfdietrich (Hg.): Verstehen und Verstandigung. Würzburg: Königshausen & Neumann.

Mantzavinos, Chrysostomos (2020): Hermeneutics; in: Zalta, Edward N. (Hg.): The Stanford Encyclopedia of Philosophy (Spring 2020 Edition).

Mbembe, Achille (2017): Kritik der schwarzen Vernunft. Berlin: Suhrkamp.

Mbiti, John S. (1999): African Religions and Philosophy. Nairobi.

Mesch, Stefan: Knapp vorbei, Deutschland – Zur literaturkritischen Rezeption von Jonathan Littells „Die Wohlgesinnten"; in: https://literaturkritik.de/public/rezension.Php?rez_id=11900&ausgabe=200805,11.3.2021.

Nassen, Ulrich (Hg.) (1979): Texthermeneutik. Aktualität, Geschichte, Kritik. Paderborn u. a. : Schöningh.

Oliva, Mirela (2009): Das innere Verbum in Gadamers Hermeneutik. Tübingen: Mohr Siebeck.

Radisch, Iris (2008): Am Anfang steht ein Missverstandnis; in: DIE ZEIT, 14. 2. 2008.

Richter, Christoph (2012): Musik verstehen. Vom möglichen Nutzen der philosophischen Hermeneutik für den Umgang mit Musik. Augsburg: Wissner.

Ricœur, Paul (1978): Der Text als Modell: hermeneutisches Verstehen; in: Gadamer, Hans-Georg / Boehm, Gottfried (Hg.): Seminar: Die Hermeneutik und die Wissenschaften. Frankfurt am Main: Suhrkamp, S. 83–117.

Ricœur, Paul (2005): Vom Text zur Person. Hermeneutische Aufsätze (1970–1999). Hamburg: Meiner.

Rittelmeyer, Christian / Parmentier, Michael (2001): Einführung in die pädagogische Hermeneutik. Darmstadt: WBG.

Rittelmeyer, Christian (2013): Einführung in die Gestaltung von Schulbauten. Frammersbach: Farbe und Gesundheit.

Ritter, Joachim (1971 ff.): Historisches Wörterbuch der Philosophie. Darmstadt: WBG, abgekürzt: Hist. Wb. Philos.

Roska-Hardy, Louise (2012): „Alles in der Hermeneutik vorauszusetzende ist nur Sprache". Zur Sprachlichkeit des Verstehens; in: Arnswald, Ulrich u. a. (Hg.): Hermeneutik und die Grenzen der Sprache. Heidelberg: Manutius, 3–24.

Sarr, Felwine (2019): Afrotopia. Berlin: Matthes und Seitz.

Sartre, Jean-Paul (1958): Was ist Literatur? Hamburg: Rowohlt. 〔サルトル『文

学とは何か』加藤周一・白井健三郎・海老坂武訳，人文書院，1998 年〕
Sartre, Jean-Paul (1966): Das Sein und das Nichts. Hamburg: Rowohlt. 〔サルトル『存在と無――現象学的存在論の試み』松浪信三郎訳，筑摩書房，2007 年〕
Schellhammer, Barbara (2019): Fremdheitsfähig werden. Zur Bedeutung von Selbstsorge für den Umgang mit Fremdem. Freiburg / München: Alber.
Schellhammer, Barbara / Goerdeler, Berthold (Hg.) (2020): Bildung zum Widerstand. Darmstadt: WBG.
Schleiermacher, Friedrich D. E. (1959): Hermeneutik; hg. von Kimmerle, Heinz. Heidelberg.
Schleiermacher, Friedrich D. E. (1966): Padagogische Schriften. Unter Mitwirkung von Schulze, Theodor, hg. von Weniger, Erich. Band I: Die Vorlesungen aus dem Jahre 1826. 2. Aufl. Düsseldorf / München. 〔シュライアーマッハー（シュライエルマッハー）『教育学講義』長井和雄・西村皓訳，玉川大学出版部，1999 年〕
Schleiermacher, Friedrich D. E. (1976): Über den Begriff der Hermeneutik mit Bezug auf F. A. Wolfs Andeutungen und Asts Lehrbuch; in: Gadamer, Hans-Georg / Boehm, Gottfried (Hg.): Seminar: Philosophische Hermeneutik. Frankfurt am Main: Suhrkamp, S. 131–165.
Schleiermacher, Friedrich D. E. (1977): Hermeneutik und Kritik; hg. und eingeleitet von Frank, Manfred. Frankfurt am Main: Suhrkamp.
Seiffert, Helmut (1992): Einführung in die Hermeneutik. Die Lehre von der Interpretation in den Fachwissenschaften. Tübingen: Francke.
Signer, David (2004): Die Ökonomie der Hexerei, oder Warum es in Afrika keine Wolkenkratzer gibt. Wuppertal: Peter Hammer.
Smith, David (1997): Interpreting Educational Reality; in: Danner, Helmut (Hg.): Hermeneutics and Educational Discours. Johannesburg: Heinemann, S. 59–74.
Steinfeld, Thomas (2010): Ein schlauer Pornograph. Jonathan Littell: „Die Wohlgesinnten"; in: Süddeutsche Zeitung, 17. 5. 2010.
Straub, Jürgen (2010): Das Verstehen kultureller Unterschiede. Relationale Hermeneutik und komparative Analyse in der Kulturpsychologie; in: Cappai, Gabriele u. a. (Hg.): Interpretative Sozialforschung und Kulturanalyse. Bielefeld: transcript Verlag, S. 39–100.
Sundermeier, Theo (1996): Den Fremden verstehen. Eine praktische Hermeneutik. Göttingen: Vandenhoek und Ruprecht.
Süselbeck, Jan (2008): Nicht ohne Beispiel; in: https://literaturkritik.de/

public/rezension. php?rez_id=11882&ausgabe=200805,11.3.2021.
Szondi, Peter (1975): Einführung in die literarische Hermeneutik. Studienausgabe der Vorlesungen 5. Frankfurt am Main: Suhrkamp.
Vedder, Ben (2000): Was ist Hermeneutik? Ein Weg von der Textdeutung zur Interpretation der Wirklichkeit. Stuttgart u. a. : Kohlhammer.
Waldenfels, Bernhard (2013): Topographie des Fremden. Studien zur Phänomenologie des Fremden 1. 6. Aufl. Frankfurt am Main: Suhrkamp.
Wirz, Albert (1997): Das Bild vom anderen. Möglichkeiten und Grenzen interkulturellen Verstehens; in: Brocker, Manfred / Nau, Heino H. (Hg.): Ethnozentrismus. Möglichkeiten und Grenzen des interkulturellen Dialogs. Darmstadt: WBG.

原　注

(1)　解釈学の入門書には，とりわけ Danner, Methoden; Gadamer, Hermeneutik; Gadamer/Boehm, Seminar: Philosophische Hermeneutik; Grondin, Einführung; Hufnagel, Einführung; Ineichen, Philosophische Hermeneutik; Joisten, Philosophische Hermeneutik; Jung, Hermeneutik; Seiffert, Einführung; Vedder, Was ist Hermeneutik? を参照。

(2)　Gadamer, wahrheit und methode II, 60 f.

(3)　とくに記載のない限り，以下の写真の著作権は，筆者にある。

(4)　Ptolemy V Epiphanes, Public domain, via Wikimedia Commons.

(5)　かつてはウルム「ドイツ・パン博物館」。

(6)　ウルムのパン文化博物館の好意的な許可により掲載。

(7)　Humboldt, Natur und Beschaffenheit der Sprache überhaupt, 438.

(8)　Ebd.

(9)　Ebd. 439

(10)　Ebd., 強調は引用者。Koller の „Alles Verstehen ist daher…“ を参照。

(11)　Humboldt, Natur und Beschaffenheit der Sprache überhaupt, 435.

(12)　Schleiermacher, Hermeneutik und Kritik, 75.

(13)　Ebd., 76, 強調は引用者。

(14)　Ebd.

(15)　Ebd., 77 f.

(16)　Ebd., 77 f.

(17)　Ebd. 78.

(18)　Ebd.

(19)　Ebd. 100, Manfred Frank の注 8:「すなわち，行為の事実として。時たま「事実」がシュライアーマッハーの原典における行動主義的な意味を保持している」。

(20)　Schleiermacher, Hermeneutik und Kritik, 78.

(21)　Ebd., 強調は引用者。

(22)　この点について詳しくは，以下の第Ⅳ章第 3 節を参照されたい。

(23)　Humboldt, Natur und Beschaffenheit der Sprache überhaupt, 433 f.

(24)　Ebd., 434.

(25) Ebd.
(26) Hirst. Wb. Philos, Sp. 154–206（その他の著者たちも）.
(27) Diemer, Geisteswissenschaften, Sp. 213.
(28) Dilthey, Der Aufbau der geschichtlichen Welt, 277 f.
(29) Diemer, Geisteswissenschaft, Sp. 213.
(30) 以下の第Ⅳ章第 2 節を参照されたい。
(31) Dilthey, Der Aufbau der geschichtlichen Welt, 197.
(32) たとえば，König, Naturwissenschaften; Diemer: Geisteswissenschaften; Vedder, Was ist Hermeneutik, 27–30; Jung, Hermeneutik zur Einführung, 13–20; Danner, Methoden, 21–27; Gadamer, Wahrheit und Methode II, 184–198 参照。
(33) Dilthey, Der Aufbau der geschichtlichen Welt, 82 f.
(34) Ebd., 83.
(35) Ebd., auch 79–88, 119 f.
(36) 以下の第 IV 章 3 を参照。
(37) Bollnow, Studien zur Hermeneutik, 21 f., 強調は引用者。
(38) Ebd., 29.
(39) Ebd., Anm. 10.
(40) Danner, Die dialogische Struktur der Hermeneutik を参照。
(41) Bollnow, Studien zur Hermeneutik, 24.
(42) Ebd., 28.
(43) Ebd., 27.
(44) Ebd., 29–31.
(45) Ebd., 31. – Danner, Methoden, 51–60: „Die Verbindlichkeit des Verstehens“ も参照。
(46) Gadamer, Hermeneutik, Sp. 1071（ここでも，つぎの引用に対して，ガダマーは解釈学的努力が理解力，洞察，習慣が生じるところで成功することを論じている）.
(47) Ebd.
(48) 科学，言語および理解の連関については，Gadamer: „Sprache als Medium der hermeneutischen Erfahrung“; in: Wahrheit und Methode I, 361–367. und „Sprache und Verstehen“; in: Wahrheit und Methode II, 184–198 を参照；自然科学および精神科学に関しては，Gadamer, Wahrheit und Methode I, 268 f を参照されたい。
(49) Geertz, Dichte Beschreibung, 10 f.
(50) Ebd., 11.
(51) Bollnow, Studien zur Hermeneutik, 121–125.

(52) Danner, Methoden, 41.
(53) Gadamer, Hermeneutik, Sp. 1070.
(54) Danner, Methoden, 40.
(55) Gadamer, Wahrheit und Methode I, 355.
(56) Gadamer, Wahrheit und Methode II, 184. 理解の言語性に関しては，同書の 184–198 頁を参照のこと。
(57) Sartre, Was ist Literatur?, 28.
(58) Gadamer, Wahrheit und Methode I, 251, 強調は引用者。
(59) Ebd., 251 f., 強調は引用者。
(60) Gadamer, Wahrheit und Methode I, 252.
(61) Gadamer, Wahrheit und Methode II, 197.
(62) Sartre, Was ist Literatur ?, 28.
(63) Cox, Jean-Paul Sartre, 248.
(64) Gadamer, Wahrheit und Methode I, 280.
(65) Lévy, Sartre.
(66) Danner, Methoden, 46 f.; 理解と意味概念への問いを補足するためには，Jung, Hermeneutik zur Einführung, 9–31 を参照。
(67) Vgl. Gadamer, Wahrheit und Methode II, 197.
(68) この節のテーマ選択については Demmerling: Sinn, Bedeutung, Verstehen を参照。
(69) Grondin, Einführung, 57.
(70) Schreiermacher, Hermeneutik und Kritik, 78.
(71) Grondin, Einführung, 10.
(72) Ebd., 9. Vgl. Oliva, Das innere Verbum, 1. ガダマーはグロンダンのテーゼに同意している。「内なる言葉は，ガダマーにおける中心的概念である。そこから，かれの全解釈学が理解されうる」。
(73) Gadamer, Wahrheit und Methode I, 395–404: „Sprache und verbum“; Grondin, Einführung, 50–59; Oliva, Das innere Verbum; Arthos, The inner Word; Arthos, The Fullness of Understanding; Figal, The Doing of the Thing Itself; Kaegi, Was heisst und zu welchem Ende.
(74) Vgl. Gadamer, Wahrheit und Methode I, 395–404; Arthos, The Fullness of Understanding.
(75) Grondin, Einführung, 54.
(76) Augstinus, De trinitate, 295.
(77) Joisten, Philosophische Hermeneutik, 57 f.
(78) Ebd., 58, 強調は引用者。
(79) Ebd., 56–60.

(80)　Grondin, Universalität der Sprachlichkeit, 29.
(81)　Grondin, Einführung, 29.
(82)　Gadamer, Wahrheit und Methode I, 402.
(83)　Vgl. Grondin, Einführung, 56, 164–167: „Sprache aus dem Gespräch".
(84)　Gadamer, Wahrheit und Methode I, 363, 強調は引用者。
(85)　Ebd., 403.
(86)　Danner, End of Arrogance und: Das Ende der Arroganz.
(87)　Gadamer, Wahrheit und Methode II, 436, 強調は引用者。ガダマーにおける翻訳と会話と言語性の連関については，Gadamer, Wahrheit und Methode I, 361–366.
(88)　V. 4 を参照のこと。
(89)　Gadamer, Wahrheit und Methode I, 365, 強調は引用者。
(90)　Kant, Was ist Aufklärung ?, 56.
(91)　Gadamer, Wahrheit und Methode I, 361 f., 強調は引用者。
(92)　Gadamer, Wahrheit und Methode I, 364, 強調は引用者。
(93)　Ebd., 強調は引用者。
(94)　Gadamer, Wahrheit und Methode I, 364 f., 強調は引用者。
(95)　Vgl, Sartre, Das Sein und das Nichts, 649–655.
(96)　Gadamer, Wahrheit und Methode I, 365, 強調は一部引用者。
(97)　Ebd. 366, 強調は一部引用者。
(98)　Gadamer, Wahrheit und Methode I, 366, 強調は一部引用者。
(99)　Ebd. 361 ff. この点については Gadamer, Wahrheit und Methode II, 184–198:「言語と理解」を参照。
(100)　次の文献を参照。Röska-Hardy, „Alles in der Hermeneutik vorauszusetzende ist nur Sprache".
(101)　Gadamer, Wahrheit und Methode I, 280, 強調は一部引用者。
(102)　Schleiermacher, Pädagogische Schriften, 7.
(103)　この点については第４章の４および第５章２を参照のこと。
(104)　Gadamer, Wahrheit und M ethode II, 60 f., 強調は引用者。
(105)　Ebd., 59, 強調は引用者。
(106)　Ebd., 62, 強調は引用者。
(107)　Ebd., 59 f., 強調は引用者。
(108)　Ebd., 59, 強調は引用者。
(109)　Gadamer, Wahheit und Methode I，254 f., 強調は引用者。
(110)　Ebd. 256–261.
(111)　Danner, Das Ende der Arroganz, 136–142 を参照。
(112)　Schleiermacher, Hermeneutik und Kritik, 93 を参照。

(113) Gadamer, Wahheit und Methode I, 263.
(114) Ebd., 263–266.
(115) Ebd.
(116) Ebd., 264.
(117) Ebd., 264 f.
(118) Ebd., 290–295.
(119) Ebd., 291.
(120) Ebd., 292.
(121) Ebd.
(122) Ebd., 293.
(123) Ebd., 294.
(124) ガダマーにおける「適用」に関しては，ダンナーの Methoden, 84–91 を参照。
(125) Gadamer, Wahrheit und Methode II, 58.
(126) Ast, Hermeneutik, 112.
(127) Schleirmacher, Hermeneutik und Kritik, 95, Nr. 20.
(128) Schleiermacher, Über den Begriff der Hermeneutik, 149. Zum hermeneutischen Zirkel siehe auch Danner, Methoden, 60–67.
(129) すでにダウンハウアー（Johann Conrad Dannhauer, 1603–1666）が『一般的解釈学』（hermeneutica generalis）を出版していた。Mantzavinos, Hermenentics, 2 を参照。
(130) ガダマー・ベーム（Gadamer/Boehm）共著『セミナー：哲学的解釈学』（Seminar: Philosophische Hermeneutik）。エレナ・フィカラ（Elena Ficara, 1974– ）『解釈学に関するテキスト，プラトンから今日まで』が提供する概説をも参照。
(131) ボルノウ『解釈学研究』（Studien zur Hermeneutik）；ガダマー・ベーム共著『セミナー：哲学的解釈学』；ジャン・グロンダン（Jean Grondin, 1955– ）『哲学的解釈学入門』（Einführung in die philosophische Hermeneutik）；カレン・ヨイステン（Caren Joisten, 1962– ）『哲学的解釈学』（Philosophische Hermeneutik）；マティアス・ユング（Matthias Jung）『導入のための解釈学』（Hermeneutik zur Einführung）。
(132) 頁数は，本章では，シュライアーマッハー『解釈学と批評』に関連している。
(133) Grondin, Hermeneutik, 110.
(134) Kimmerle in Schleiermacher, Hermeneutik, 113. Schleiermacher, Hermeneutik und Kritik, 79, 89 および 97 をも参照。そこには「技術的」および「文法的側面」について語られている——たしかに，シュライアー

マッハーは19節で実際に「心理学的に記述すること（Psychologisieren）」を意図しているように思われるし，著者の主観的側面がかれの「内面的および外面的生活」ならびに「かれの性格と事情」を意味しているならば，それは思考だけに止まらないであろう。

(135)　前出の第III章4を参照。

(136)　Adorno, Jargon der Eigentlichkeit.

(137)　Schleiermacher, Hermeneutik und Kritik, 95, 97 f.

(138)　ここで根拠になっているテキストはディルタイの『歴史的世界の構造』（Der Aufbau der geschicht-lichen Welt）の191–220である。『体験と自伝』（das Erleben und die Selbstbiographie）ならびに『他者とその生の表現の理解』（Das Verstehen anderer Personen und ihrer Lebensäußerrungen）である。以下の頁数は，これに基づいている。

(139)　第V章2を参照。

(140)　Gadamer, Wahrheit und Methode II, 331.

(141)　Ebd., 62.

(142)　Ebd., 438.

(143)　Gadamer, Wahrheit und Methode I, 279.　強調は引用者。

(144)　Ebd., 285.

(145)　Ebd.

(146)　Ebd.

(147)　Ebd., 286.

(148)　Ebd., 287.

(149)　Ebd., 290.

(150)　Ebd., 288.

(151)　Ebd., 289.

(152)　Ebd., 290.

(153)　Ebd., 279.

(154)　Ricœur, Der Text als Modell; Bollnow, Paul Ricœur を参照。

(155)　Mesch, Knapp vorbei, Deutschland.

(156)　Süselbeck, Nicht ohne Beispiel.

(157)　以下のサイトでは，無数のさらなる意見が表明されている。https://de.wikipedia.org/wiki/Die_Wohlgesinnten#Rezeption_und_Debatte

(158)　Süselbeck, Nicht ohne Beispiel. からの引用。

(159)　Mesch, Knapp vorbei, Deutschland.

(160)　Lanzmann の言。ただし，Süselbeck, Nicht ohne Beispiel からの引用。

(161)　Radisch, Am Anfang steht ein Missverständnis.

(162)　同上。

(163) Szondi, Einführung in die literarische Hermeneutik, 13.
(164) Danner, Methoden, 68 f. を参照のこと。
(165) Littell, Die Wohlgesinnten, 1385.
(166) Dittrich, Ein Gespräch mit Edgar Hilsenrath.
(167) Busch u. a., Das Höcker-Album.
(168) 同前 9。サラ・J. ブルームフィールドの序文から。二つの写真は「ヘッカー・アルバム」から（訳者）。
(169) Betti, Die Hermeneutik als allgemeine Methodik, 14 f.
(170) 「否定的前判断 negatives Vorurteil」については同上の 83–86 参照。
(171) これも同上 111 ff. 参照。
(172) テキスト解釈学については，以下のものを参照。Nassen (Hrsg.), Texthermeneutik. Aktualität, Geschichte, Kritik；特に同書所収 Frank, Was heißt „einen Text verstehen"; Hiebel, Interpretieren を参照。
(173) Kister, Eine Geographie des Grauens.
(174) 同上。
(175) 以下を参照。Schellhammer / Goerdeler, Bildung zum Widerstand; Danner, Bildung angesichts von Fremdenfeindlichkeit und Populismus.
(176) Kenyatta, Facing Mount Kenya, 155.
(177) Grill, Adieu, Afrika.
(178) このような事柄については以下のものを参照のこと。Bartmann, Nicht das Fremde ist so fremd; Brocker / Nau, Ethnozentrismus; Kämpf, Die Exzentrizität des Verstehens; Mall, Andersverstehen ist nicht Fremdverstehen.
(179) Gadamer, Wahrheit und Methode I, 403.
(180) Gadamer, Wahrheit und Methode II, 184.
(181) Demmerling, Sinn, Bedeutung, Verstehen, 9.
(182) Schleiermacher, Hermeneutik und Kritik, 88.
(183) Gadamer, Wahrheit und Methode II, 434 f. を参照のこと。
(184) このような論点については，たとえば，Rittelmeyer, Einführung in die Gestaltung von Schulbauten が詳しい。
(185) Gadamer, Wahrheit und Methode I, 293 f.
(186) Richter, Musik verstehen を参照のこと。
(187) Danner, Methoden; Danner, Was ist *pädagogische* Hermeneutik?; Rittelmeyer / Parmentier, Einführung in die pädagogische Hermeneutik; Smith, Interpreting educational reality.
(188) 以下を参照のこと。Waldenfels, zum Beispiel Topographie des Fremden; Schellhammer, Fremdheitsfähig werden.

(189) Bredella, Ist das Verstehen fremder Kulturen wünschenswert?, 11–16.

(190) Gadamer, Wahrheit und Methode I, 275 ff. : Die hermeneutische Bedeutung des Zeitenabstands; ebd. 250 ff. : Erhebung der *Geschichtlichkeit* des Verstehens zum hermeneutischen Prinzip; ders., Wahrheit und Methode II, 63–65.

(191) Fornet-Betancourt, Hermeneutik und Politik des Fremden, 50. また以下も参照のこと。Bredella, Ist das Verstehen fremder Kulturen wunschenswert?

(192) この点については, Danner, Das Ende der Arroganz, 159 ff. を参照。

(193) Gadamer, Hermeneutik II, 58.

(194) Heller: Verkaufte Götter（ドキュメンタリー映画）; Sarr, Afrotopia; Mbembe. Kritik der schwarzen Vernunft; またナイジェリアのノク文化について報告している SZ-Artikel „Verscherbelt"（2020 年 7 月 25/26 日付）も参照。

(195) Signer, Die Ökonomie der Hexerei, 9.

(196) 一連の記述については以下を参照。Danner, Das Ende der Arroganz, 55–134.

(197) Mbiti, African Religions, 180 f.

(198) Makumba, Introduction to African Philosophy, 155.

(199) Mbiti, African Religions, 57.

(200) Signer, Die Ökonomie der Hexerei.

(201) このような連関については, Danner, Das Ende der Arroganz, 55–134.

(202) Geertz, Dichte Beschreibung; ders., The Interpretation of Cultures; Danner, Hilft die „dichte Beschreibung".

(203) 肯定的な前判断と否定的な前判断の区別については Betti, Die Hermeneutik als allgemeine Methodik の 83–86 参照。

(204) 以下を参照。Signer, Die Ökonomie der Hexerei.

(205) 以下のものを参照。Danner, Von westlicher Arroganz: „3. Das Fremde und das Fremdartige".

(206) Bredella, Ist das Verstehen fremder Kulturen wunschenswert?, 26 f.

(207) Chabal, The End of Conceit.

(208) Sundermeier, Den Fremden verstehen. この点については以下も参照のこと。Danner, Das Ende der Arroganz, 168–174.

(209) Sundermeier, Den Fremden verstehen, 154. 強調は引用者。

(210) 同上, 183, 185.

(211) Geertz, Dichte Beschreibung, 9–35.

(212) Fornet-Betancourt, Hermeneutik und Politik des Fremden, 49–59.

(213) この点については以下のものを参照。Chabal, The End of Conceit;

Danner, Die verstehende Sicht. – Zur Thematik der interkulturellen Hermeneutik siehe u. a. auch: Horstmann, Interkulturelle Hermeneutik; Chen, Hermeneutik zwischen eigener Tradition [...]; Straub, Verstehen kultureller Unterschiede.

(214) Fornet-Betancourt, Hermeneutik und Politik des Fremden, 56.

《叢書・ウニベルシタス　1164》
解釈学入門

2024年5月30日　初版第1刷発行

ヘルムート・ダンナー
山﨑高哉 監訳
高根雅啓／弘田陽介／田中潤一 訳
発行所　一般財団法人　法政大学出版局
〒102-0071 東京都千代田区富士見 2-17-1
電話 03(5214)5540 振替 00160-6-95814
組版：HUP　印刷：三和印刷　製本：積信堂

ISBN978-4-588-01164-1

著　者

ヘルムート・ダンナー（Helmut Danner）

1941年ポーランドのタルノヴィッツに生まれる。ミュンヘン大学に入学，1970年に哲学で博士号取得。1983年に大学教授資格を得，同年『責任と教育学——意味に定位した教育学に関する人間学的倫理学的研究』を出版。客員教授としてカナダやアフリカの大学で教えた後，1986年以降は大学での教授活動を辞し，ハンス・ザイデル財団のエジプト，ケニア，ウガンダの代表事務所長を務める。アフリカでの長年にわたる実践活動に基づき，2008年には『傲慢の終焉——アフリカと西洋，その差異の理解』を出版。2010年には主著『責任と教育学』の改訂版『倫理学と教育学における責任』を刊行。2012年には京都・大阪を訪れ，日本の研究者とも交流した。

監訳者

山﨑高哉（やまざき・たかや）

1940年奈良県生。京都大学大学院教育学研究科博士課程修了。博士（教育学）。京都大学名誉教授，大阪総合保育大学名誉学長。著書『ケルシェンシュタイナー教育学の特質と意義』（玉川大学出版部），編著『応答する教育哲学』（ナカニシヤ出版），共編著『日中教育学対話 1・2・3』（春風社）ほか。

訳　者

高根雅啓（たかね・まさひろ）

1968年秋田県生。京都大学大学院教育学研究科博士後期課程単位取得退学。修士（教育学）。大阪公立大学国際基幹教育機構教授。論文「ヘルムート・ダンナーにおける精神科学的教育学の受容」「ヘルムート・ダンナーにおけるブーバー教育論の概要」（いずれも『大阪府立大学紀要（人文・社会科学）』）ほか。

弘田陽介（ひろた・ようすけ）

1974年大阪府生。京都大学大学院教育学研究科博士課程修了。博士（教育学）。大阪公立大学大学院文学研究科教授。著書『近代の擬態／擬態の近代——カントというテクスト・身体・人間』（東京大学出版会），『いま，子育てどうする？』（彩流社）。

田中潤一（たなか・じゅんいち）

1977年京都府生。大阪大学大学院文学研究科博士後期課程修了。博士（文学）。関西大学文学部総合人文学科教授。著書：『西田哲学における知識論の研究』，編著『イチからはじめる道徳教育』，共編著『新版 未来を拓く教育』（いずれもナカニシヤ出版）。

叢書・ウニベルシタスより
（表示価格は税別です）

1139 イメージは殺すことができるか
M.-J. モンザン／澤田直・黒木秀房訳　2200円

1140 民主主義が科学を必要とする理由
H. コリンズ，R. エヴァンズ／鈴木俊洋訳　2800円

1141 アンファンタン　七つの顔を持つ預言者
J.-P. アレム／小杉隆芳訳　3300円

1142 名誉の起源　他三篇
B. マンデヴィル／壽里竜訳　4800円

1143 エクリチュールと差異〈改訳版〉
J. デリダ／谷口博史訳　5400円

1144 幸福の追求　ハリウッドの再婚喜劇
S. カヴェル／石原陽一郎訳　4300円

1145 創られたサン＝キュロット　革命期パリへの眼差し
H. ブルスティン／田中正人訳　3600円

1146 メタファー学のパラダイム
H. ブルーメンベルク／村井則夫訳　3800円

1147 カントと人権
R. モサイェビ編／石田京子・舟場保之監訳　6000円

1148 狂気・言語・文学
M. フーコー／阿部崇・福田美雪訳　3800円

1149 カウンターセックス宣言
P. B. プレシアド／藤本一勇訳　2800円

1150 人種契約
Ch. W. ミルズ／杉村昌昭・松田正貴訳　2700円

1151 政治的身体とその〈残りもの〉
J. ロゴザンスキー／松葉祥一編訳，本間義啓訳　3800円

1152 基本権　生存・豊かさ・合衆国の外交政策
H. シュー／馬渕浩二訳　4200円

叢書・ウニベルシタスより

（表示価格は税別です）

1153 自由の権利　民主的人倫の要綱
A. ホネット／水上・大河内・宮本・日暮訳　7200円

1154 ラーラ　愛と死の狭間に
M. J. デ・ラーラ／安倍三崎訳　2700円

1155 知識・無知・ミステリー
E. モラン／杉村昌昭訳　3000円

1156 耐え難き現在に革命を！
M. ラッツァラート／杉村昌昭訳　4500円

1157 魂を失った都　ウィーン 1938 年
M. フリュッゲ／浅野洋訳　5000円

1158 ユダヤ人の自己憎悪
Th. レッシング／田島正行訳　4000円

1159 断絶
C. マラン／鈴木智之訳　3200円

1160 逆境の中の尊厳概念　困難な時代の人権
S. ベンハビブ／加藤泰史監訳　4800円

1161 ニューロ　新しい脳科学と心のマネジメント
N. ローズ，J. M. アビ＝ラシェド／檜垣立哉監訳　5200円

1162 テスト・ジャンキー
P. B. プレシアド／藤本一勇訳　4000円

1163 文学的絶対　ドイツ・ロマン主義の文学理論
Ph. ラクー＝ラバルト，J.-L. ナンシー／柿並・大久保・加藤訳　6000円

1164 解釈学入門
H. ダンナー／山﨑高哉監訳／高根・弘田・田中訳　2700円

1165 19 世紀イタリア・フランス音楽史
F. デッラ・セータ／園田みどり訳　5400円

1167 レヴィナスの論理
J.-F. リオタール／松葉類訳　3300円